Bert Bielefeld

Büroplanung

Bert Bielefeld

Büroplanung

BIRKHÄUSER
BASEL

Inhalt

VORWORT _7

EINLEITUNG _9

GRUNDLAGEN _10

Anforderungen an Büroarbeitsplätze _10

Gestaltung von Büroarbeitsplätzen _17

RAUMTYPOLOGIEN _21

Bürotypen _21

Besprechung und Kommunikation _29

Erschließung und Versorgung _34

Nebenräume _39

GEBÄUDEKONZEPTION UND BAUFORMEN _45

Ermitteln von Flächen und Volumen _45

Funktionszusammenhänge _48

Städtebaulicher Kontext _50

Gebäudeformen _51

Erschließungssysteme _55

Raum- und Tragsysteme _59

SCHLUSSWORT _68

ANHANG _69

Literatur _69

Vorschriften und Normen _70

Vorwort

Die Planung von Arbeitsraum ist zu Recht anspruchsvoll – schließlich verbringen viele Menschen einen Großteil ihres Tages im Büro. Die Planungsparameter reichen von Ergonomie und Arbeitsgesundheit über die richtige Balance zwischen konzentriertem Arbeiten und effektiver Kommunikation, bis hin zu den spezifischen Raum-, Wege- und Flächenanforderungen des Tätigkeitsfeldes. Gleichzeitig wächst mit dem Wandel der Arbeitswelt auch die Bandbreite möglicher Bürokonzepte: Klassische Bürobauten mit Einzelbüros stehen neben Co-working von Freelancern im Großraumbüro und den revolutionären Raumkonzepten vor allem der IT-Branche, wo Arbeitsplätze bewusst flexibel und nur noch durch eine Steckdose markiert sind.

Angesichts dieser Vielfalt und des hohen Anforderungsprofils von Arbeitsräumen ist es umso wichtiger, Studenten eine erste verlässliche Orientierung zu ermöglichen. Das Ziel dieses Buches ist es, die Prinzipien beim Fügen von Räumen, Arbeitsbereichen und ganzen Büroeinheiten zu verstehen und mit diesem Wissen eigene Entwurfsaufgaben im Bürobau kompetent und umsichtig entwickeln zu können.

Allgemeine Rahmenbedingungen und Anforderungen werden im Kapitel Grundlagen vorgestellt. Das Kapitel Raumtypologien beschreibt die verschiedenen Bürotypen mit ihren andienenden Funktionen und erklärt, wie die notwendigen Flächen ermittelt werden können. Abschließend wird in einem größeren Maßstab die Konzeption und auch Konstruktion des gesamten Gebäudes und seine Einbindung in den baulichen Kontext betrachtet.

Bert Bielefeld, Herausgeber

Einleitung

Das Entwerfen von Büroräumen war über viele Jahrzehnte ein eher seriell geprägter Prozess, der zum Ziel hatte, eine möglichst optimierte Mischung aus Flächeneffizienz und Anforderungen des Arbeits- und Gesundheitsschutzes herzustellen. In der Regel wurden abhängig von Fluchtweglängen Treppenkerne angeordnet, zwischen denen Zellenbüros oder später Großraumarbeitsplätze in der erforderlichen Anzahl platziert wurden.

Diese sehr vereinfacht dargestellte Vorgehensweise hat sich grundlegend geändert. Die Ansprüche an heutige Büroarbeitsplätze sind sehr vielfältig. Die Digitalisierung und Individualisierung der Arbeit führt zunehmend dazu, dass Bürotätigkeiten ortsunabhängig oder zumindest nicht an einen festen Arbeitsplatz gebunden stattfinden können. Weitestgehend papierlose Aktivitäten können per Laptop oder Tablet an jedem Ort durchgeführt werden, sodass persönlich zugewiesene feste Arbeitsplätze nur noch teilweise notwendig sind. Arbeitsinhalte und -abläufe werden zudem zunehmend komplexer, vernetzter und spezialisierter, wodurch der flexible Wechsel zwischen teamorientierter Kommunikation und konzentrierter Arbeitsumgebung immer wichtiger wird. Gleichzeitig verschwimmen die Grenzen zwischen Arbeit und Freizeit, sodass auch hier interaktive Angebote geschaffen werden müssen.

Dies spiegelt sich auch in der Gestaltung von Büroflächen und -gebäuden wider, indem ein flexibel nutzbarer und gestalteter Kontext für die Büroarbeit bereitgestellt wird. Daher ist das Entwerfen von Bürogebäuden viel mehr als ein schematisiertes Ausarbeiten von Grundrissen, sondern stellt eine höchst individuelle und mit Innenraumkonzepten vernetzte Entwurfsaufgabe dar, bei der jedes Mal die Grundlagen neu eruiert werden müssen. Die Vielfalt an Organisationskonzepten und spezialisierten Dienstleistungen sorgt für ein höchst abwechslungsreiches Arbeitsfeld.

Grundlagen

ANFORDERUNGEN AN BÜROARBEITSPLÄTZE

Die Anforderungen an einen Büroarbeitsplatz können je nach Tätigkeit sehr unterschiedlich sein. Besteht die Arbeit eher aus Verwaltungs- und Sacharbeitertätigkeiten mit hohem Akten- und Papieraufkommen, so sind Arbeitsplätze oft eher statisch; bei überwiegend digitaler Entwicklungsarbeit hingegen lassen sich Arbeitsplätze je nach aktuellem Bedürfnis viel einfacher frei wählen und müssen sich auch nicht innerhalb eines klassischen Bürogebäudes befinden. Mit Hilfe von Laptop und einer Internetverbindung kann im Büro, im Park, im Café, zu Hause oder in jeder weiteren Umgebung gearbeitet werden, sofern das Umfeld bei der jeweiligen Tätigkeit nicht stört. Daher werden Bürowelten vielfach so konzipiert, dass sie diese individuellen Bedürfnisse durch unterschiedlich gestaltete Bereiche bedienen.

Unter dem Gesichtspunkt der körperlichen Beanspruchung ist das Arbeiten an einem Büroarbeitsplatz eine eher einfache und einseitige Tätigkeit, welche jedoch gleichzeitig Konzentration und hohe geistige Produktivität erfordert. Gerade einseitiges Arbeiten und fehlende Bewegung sind jedoch Ursachen für gesundheitliche Probleme von Mitarbeitern. Daher wurden Büroarbeitsplätze ein zentraler Untersuchungsgegenstand der Arbeitspsychologie und des Arbeitsschutzes; es sind umfangreiche Regelwerke entstanden, die die Mitarbeiter schützen und zu einer optimalen Leistung anregen sollen. Dazu gehören Anforderungen an die Ergonomie und den Gesundheitsschutz an Arbeitsplätzen sowie an das Raumklima und die Raumakustik.

Die Büroarbeitswelten werden immer abwechslungsreicher und besitzen hohe Aufenthaltsqualitäten, um das Wohlbefinden und die Zufriedenheit der Mitarbeiter sicherzustellen. Da sich die Mitarbeiter die meiste Zeit des Tages an diesem Ort aufhalten, soll die Arbeitsumgebung auch die verschiedenen Phasen eines Tagesablaufs und die unterschiedlichen Tätigkeiten von Kommunikation bis zum ungestörten Arbeiten zulassen.

Eine ebenso wichtige Voraussetzung sind Aufrechterhaltung und Förderung der Gesundheit der Mitarbeiter. Hierzu gibt es arbeits- bzw. organisationspsychologische sowie bauliche Ansatzpunkte. Die oft einseitige Tätigkeit an Bildschirmarbeitsplätzen kann langfristig zu gesundheitlichen Problemen führen. Überbeanspruchungen der Augen, Kopfschmerzen, Verspannungen und Schmerzen im Schulter-Nacken-Bereich und Verschleißerscheinungen in Unterarmen und Händen sowie ungesunde Belastungen der Wirbelsäule können die Folge falsch konzipierter und mangelhaft ausgestatteter Bildschirmarbeitsplätze sein. Daher müssen für Bildschirmarbeitsplätze besondere ergonomische Voraussetzungen geschaffen werden. > Abb. 2 Raumklima, Raumakustik, Lichtsituation,

Gesundheit und Ergonomie

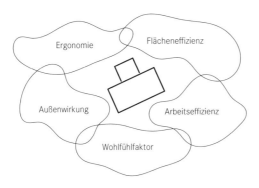

Abb. 1: Anforderungen an einen Büroarbeitsplatz

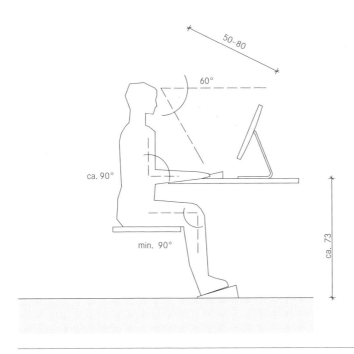

Abb. 2: Anforderungen an die Ergonomie eines Bildschirmarbeitsplatzes

Sichtbeziehung nach außen und viele weitere physikalische Eigenschaften am Arbeitsplatz spielen ebenfalls eine wichtige Rolle. Auch müssen Vorkehrungen getroffen werden, um Verletzungs- und Gefährdungsquellen am Arbeitsplatz, aber auch auf den Wegen und in sonstigen Funktionsbereichen zu vermeiden.

Auf Basis der Arbeits- und Gesundheitsschutzaspekte ist es für eine gute Arbeitsumgebung vor allem wichtig, die Zufriedenheit und das Wohlbefinden der Mitarbeiter an ihrem Arbeitsplatz und im Arbeitsumfeld zu erreichen. Hierzu können gestalterische Aspekte wie Möblierung, Materialien, Oberflächen, Farben, Raum- und Sichtbeziehungen einen Beitrag leisten. Allgemein wird die Zufriedenheit aber vor allem durch betriebliche und zwischenmenschliche Rahmenbedingungen wie offene und ehrliche Kommunikation zwischen den Hierarchieebenen, vielfältige und verantwortungsvolle Aufgaben, gutes Gemeinschaftsgefühl im Mitarbeiterteam etc. geprägt. Architekten können somit eine Basis schaffen, die Zufriedenheit jedoch nicht durch bauliche Maßnahmen allein erreichen. Wichtig ist es, frühzeitig ein Gespür für die nicht schriftlich fixierte Unternehmenskultur zu entwickeln und auch die Wünsche für die zukünftige Arbeitsumgebung mit in den Entwurf einfließen zu lassen.

Das Wechselspiel zwischen ruhiger und konzentrierter Sacharbeit ohne externe Reize oder Störungen und dem kommunikativen Austausch zwischen Mitarbeitern und Teams muss durch bauliche, funktionale und arbeitsorganisatorische Aspekte ermöglicht werden. Dabei können verschiedene Orte innerhalb einer klar geregelten Arbeitsumgebung geschaffen werden, die kommunikative Bedürfnisse über Sitzbereiche mit Teeküchen, Besprechungsräume etc. spezifisch erfüllen und von den Mitarbeitern aus festgelegten Arbeitsbereichen mit zugeordneten Arbeitsplätzen je nach Bedarf genutzt werden können. Es können jedoch auch unterschiedliche Arbeitsbereiche und -umgebungen geschaffen werden, die die Mitarbeiter je nach individueller und tätigkeitsbezogener Anforderung frei nutzen können und welche somit starre Arbeitsplatzstrukturen überflüssig machen.

Dies ist insbesondere dann sinnvoll, wenn die Arbeit eher teamorientiert aufgebaut ist und es tendenziell kleinere Zwischenphasen gibt, in denen in der Folge von abgestimmten Inhalten wieder neue Grundlagen für weitere Teamsitzungen erarbeitet werden müssen. Arbeitsumgebungen, welche ein hohes kreatives Potenzial der Mitarbeiter und eine hohe Vernetzung verschiedener Fachdisziplinen erfordern, werden bevorzugt so gestaltet, dass sie diese Tätigkeiten fördern. So werden über Besprechungsräume, offene Sitz- oder Loungebereiche, Tee- und Kaffeebars etc. unterschiedliche Atmosphären geschaffen, um der jeweiligen Arbeitssituation gerecht zu werden. Sacharbeit hingegen erfordert oft eher ruhigere Rückzugsbereiche, Einzelarbeitsplätze bzw. akustisch verschließbare Zellenbüros. Je nach Art der Bürotätigkeit bzw. Dienstleistung überwiegen eher Einzelarbeitsplätze oder Teambereiche.

Um ein gutes Wohlbefinden am Arbeitsplatz zu erreichen, muss eine Behaglichkeit erreicht werden, welche allgemeine physikalische Eigenschaften wie Wärme, Frischluft und Licht umfasst, aber auch individuellen Anforderungen einzelner Mitarbeiter genügt, die sich sehr stark unterscheiden können. > Abb. 3

Tab. 1: Raumeigenschaften verschiedener Büroraumtypen

Raumeigenschaften			
	Flexibilität	Kommunikation	Ruhe
Zellenbüro	−	−	++
Gruppenbüro	+	++	+
Großraumbüro	++	o	−
Kombibüro	++	++	o

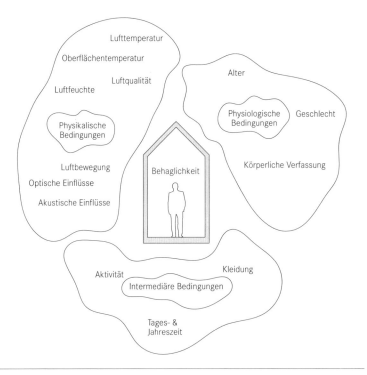

Abb. 3: Behaglichkeit von Räumen

Somit ist eine Gleichschaltung von klimatisch optimierten Bedingungen meist nicht förderlich und führt zu Unwohlsein und gegebenenfalls auch gesundheitlichen Problemen Einzelner. Viel besser ist es für Büromitarbeiter, wenn sie die Bedingungen ihres Arbeitsplatzes selbst nach den eigenen Ansprüchen an die Behaglichkeit regeln können. Eine Raumluft-Innentemperatur von 22 °C sollte aber auch im Winter nicht unterschritten werden. Inwieweit bei sommerlichen Temperaturen eine Kühlung bzw. Klimatisierung erfolgen muss, ist individuell vom Objekt abhängig.

Oftmals sind über Lüftungsanlagen technisch hergestellte Klimatisierungen von Räumen eher kontraproduktiv, da sie zu Zugempfindungen bei Einzelnen führen können. Eine unterstützende Kühlung von Räumen (z. B. über Kühldecken oder Betonkernaktivierungen) ist speziell in Neubauten oft sehr sinnvoll, um hohe Spitzenwerte im Sommer abmildern zu können. Aufgrund der hohen energetischen Anforderungen an Neubauten besteht durch den hohen Wärmedämmgrad und gleichzeitigen Wärmeeintrag durch Mitarbeiter und EDV-Geräte gerade in Großraumbüros eher ein durchgehender Kühlbedarf als ein Heizbedarf, sodass hier

■ eine gute technische Infrastruktur eingeplant werden muss.

Belüftung   Büroarbeitsplätze müssen ausreichend mit Frischluft versorgt werden, um eine angenehme Arbeitsatmosphäre zu schaffen und Schadstoff- bzw. Geruchskonzentrationen in der Luft gering zu halten. > Tab. 2 Die Lüftung von Büroräumen kann über eine natürliche Fensterlüftung oder über eine mechanische Lüftungsanlage erfolgen. Bei Zellenbüros ist eine Fensterlüftung zur individuellen Steuerung gegebenenfalls sinnvoll, sofern das energetische Konzept dieses erlaubt und die Lärmbelästigung (z. B. an stark befahrenen Straßen) durch den Außenraum relativ gering ist. Gerade bei Räumen mit einer größeren Anzahl von Mitarbeitern ist die Fensterlüftung nicht unproblematisch, da hier individuelle Bedürfnisse einzelner Mitarbeiter oftmals nicht aufeinander abgestimmt werden können, sodass sich eine mechanische Lüftungsanlage empfiehlt.

Tab. 2: Beispielrichtwerte für die Luftwechselrate von verschiedenen Räumen

Raumtyp	Luftwechsel in h^{-1}
Büroräume	2,0–6,0
Sitzungszimmer	6,0–12,0
Versammlungsräume	5,0–10,0
Sanitärbereiche	3,0–6,0
Kantinen	6,0–8,0

■ Tipp: Die Einflussgrößen Raumklima, Behaglichkeit und Luftqualität werden in *Basics Raumkonditionierung* von Oliver Klein und Jörg Schlenger behandelt. Hier werden auch verschiedene Konzepte zur Konditionierung, Beheizung und Klimatisierung von Gebäuden erläutert.

Gerade bei konzentrierter Arbeit ist eine ruhige Arbeitsatmosphäre wichtig. Diese kann durch externe Einflüsse wie Lärm im Außenraum oder durch Störungen zwischen den Mitarbeiterarbeitsplätzen negativ beeinflusst werden. So sind zumindest ruhige Einzelarbeitsplätze über akustisch wirksame Maßnahmen bzw. schalltechnische Abschottungen ausreichend zu schützen. Gerade bei Nutzungen mit hohem Gesprächs-, Kunden- oder Telefonaufkommen wie Callcenter ist die Planung der Raumakustik eine Grundvoraussetzung für eine funktionierende Nutzung. In der Regel geht es primär um eine Reduktion der akustischen Geräuschquellen, eine gute Sprachverständlichkeit und die Begrenzung von Nachhallzeiten. Entsprechend werden Boden-, Wand- und Deckenoberflächen akustisch wirksam gestaltet und gegebenenfalls durch weitere Absorberelemente in Form von Deckensegeln, mobilen Stellwänden oder Büromöbeln ergänzt.

Schallschutz und Raumakustik

Die Lichtverhältnisse sind ebenfalls eine wichtige Planungsgröße und umfassen in der Regel eine ausgewogene Mischung von natürlichen und künstlichen Lichtquellen. > Abb. 4 und Tab. 3 Fenster können Arbeitsplätze in der Nähe der Fassade ausreichend belichten, die Tiefe des Lichteinfalls ist in der Regel jedoch auch bei raumhohen Fenstern auf 5–7 m begrenzt, sodass bei tiefer liegenden Arbeitsplätzen eine dauerhafte künstliche Beleuchtung notwendig ist. Als Faustregel kann bei einem Öffnungsanteil von 60 % (also Fenster oberhalb einer Brüstung) gelten, dass das 1,5-Fache der Fensterhöhe als Raumtiefe natürlich belichtet werden kann.

Belichtung und Beleuchtung

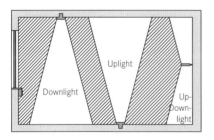
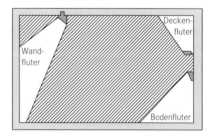

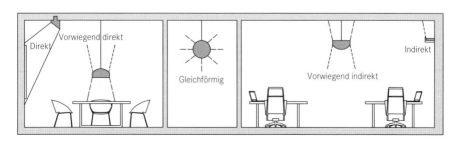

Abb. 4: Gerichtete und ungerichtete Lichtquellen im Raum

15

Gerade bei Bildschirmarbeitsplätzen ist es wichtig, ergänzend zu einem gegebenenfalls außenliegenden und fremdgesteuerten Sonnenschutz einen individuellen Blendschutz anzuordnen, um durchgehend eine blendfreie Umgebung zu schaffen. Eine künstliche Beleuchtung erfolgt im Idealfall über eine allgemeine, blendfreie Grundbeleuchtung

■ und eine individuell steuerbare Arbeitsplatzleuchte.

Tab. 3: Richtwerte für die Beleuchtungsstärke verschiedener Räume (nach DIN 12464-1)

Raumart	E_m in lx
Verkehrsflächen und Flure	100
Treppen, Rolltreppen	150
Kantinen, Teeküchen	200
Pausenräume	100
Sanitärräume	500
Konferenz- und Besprechungsräume	500
Archive	200
Büroräume (Schreiben, Lesen, Datenverarbeitung)	500

■ **Tipp**: Die unterschiedlichen Anforderungen an Tages- und Kunstlicht werden in *Basics Lichtplanung* von Roman Skowranek ausführlich behandelt. Hier werden auch verschiedene Konzepte zur Lichtsteuerung und Lichtlenkung bei größeren Raumtiefen erläutert.

GESTALTUNG VON BÜROARBEITSPLÄTZEN

Der Büroarbeitsplatz besteht als Grundeinheit aus einem Tisch und einem Stuhl und wird gegebenenfalls durch Lager- und Ablageflächen, EDV- und Telekommunikationsgeräte sowie Besucher- bzw. Besprechungsbereiche ergänzt. Die Bandbreite reicht dabei von flächenoptimierten Arbeitsplätzen z. B. bei Call-Centern > Abb. 5, welche nur aus einer Arbeitsnische mit Bildschirm, Tastatur und Telefonanschluss bestehen, bis zu großflächigen Einzelbüros mit Regalen und Besprechungstisch. > Abb. 6

Elemente eines Büroarbeitsplatzes

Abb. 5: Möblierung eines Callcenters

Abb. 6: Beispiel eines exklusiven Büroraums

Die Anordnung der Elemente kann je nach Bedarf frei im Raum erfolgen, um eine angenehme Arbeitsumgebung zu schaffen. Bei einem flächenoptimierten Ansatz sind jedoch Mindestgrößen und -abstände zu beachten. Die Standardgrößen von Schreibtischen betragen 160 × 80 cm oder 180 × 90 cm. Vor dem Tisch ist eine Bewegungsfläche von mindestens 100 cm anzuordnen. Regale bzw. Sideboards haben in der Regel eine Tiefe von 40 cm angesetzt, geschlossene Schränke teilweise auch 60 cm.

In gleicher Bandbreite lässt sich somit der Flächenbedarf eines Arbeitsplatzes ermitteln. Werden in extremen Arbeitskojen teilweise Arbeitsplatzflächen pro Mitarbeiter deutlich unter 2 m^2 erzeugt, so sind in qualitativen und luxuriösen Büros teilweise Flächen von 20–30 m^2 pro Mitarbeiterarbeitsplatz anzusetzen. > Abb. 7 und Tab. 4

Ergänzend zum reinen Platzbedarf des Arbeitstischs inklusive Stuhl müssen weitere Flächen für Schränke, Ablage- und Besprechungstische, Bewegungsflächen und Verkehrswege innerhalb der Büroräume berechnet werden. > Tab. 5 und Abb. 8

Bei Bürobauten mit gleichartigen Arbeitsplätzen können diese nach Entwicklung eines Musterarbeitsplatzes inklusive aller zugeordneten Flächen über die Anzahl der Mitarbeiter zu einer Gesamtfläche multipliziert werden.

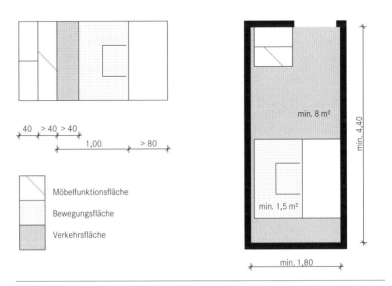

Abb. 7: Mindestflächenbedarfe eines Einzelarbeitsplatzes

Tab. 4: Grobe Mindestwerte für Raumgrößen

Arbeitsraum für eine Person	≥ 8 m²
Arbeitsraum für zwei Personen	≥ 13 m²
Arbeitsraum für drei Personen	≥ 18 m²
Jeder weitere Arbeitsplatz	+ ≥ 5 m²

Tab. 5: Benutzerflächen im Bereich des Arbeitstischs (nach ArbStättV)

Freie Bewegungsfläche am Arbeitstisch	1,50 m²
Mindesttiefe persönlich zugewiesener Arbeitsplatz	1,00 m
Mindesttiefe sonstige Arbeitsplätze	0,80 m
Mindesttiefe Besucher-/Besprechungsplätze	0,80 m

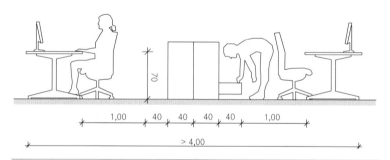

Abb. 8: Mindestabstände an Arbeitsplätzen

Möbelfunktionsfläche
Bewegungsfläche
Verkehrsfläche

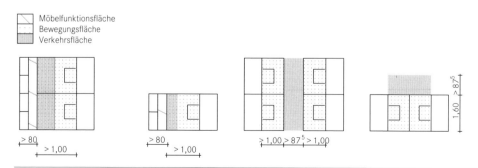

Abb. 9: Abmessungen der Raummodule von Einzel- und Doppelarbeitsplätzen

19

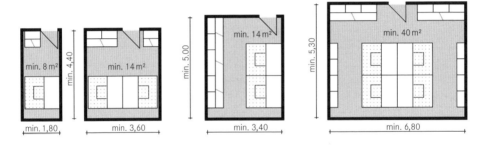

Abb. 10: Mindestflächen von Büroräumen

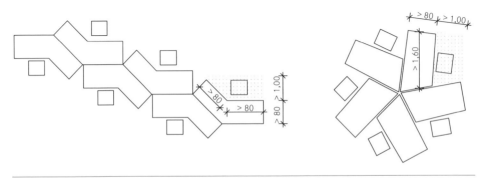

Abb. 11: Raumsparende Schreibtischkonzepte

BÜROTYPEN

Je nach Anzahl der Arbeitsplätze werden verschiedene Büroraumtypen unterschieden. Dies sind insbesondere:

- Einzel-/Zellenbüros: ca. 1–4 Personen
- Gruppenbüros: ca. 5–25 Personen
- Großraumbüros: über 25 Personen
- Kombibüros: je nach Ausgestaltung variabel
- Nonterritoriale Arbeitswelten: je nach Ausgestaltung variabel

Einzel- oder Zellenbüros sind separate, geschlossene Büroräume, die Einzel-/Zellenbüros nebeneinander an Erschließungsfluren angeordnet werden und maximal 4 Arbeitsplätze beherbergen. Sie sind je nach Größe des Ausbaurasters und Anzahl der Arbeitsplätze zwischen 2,60 m und 5,00 m breit und zwischen 5,00 m und 6,00 m tief. Ein- bis Zwei-Personen-Büros haben einen hohen Flächenbedarf pro Nutzer. Das Zellenbüro wird in der Praxis häufig mit anderen Büroformen kombiniert. In der Regel sind die Arbeitsplätze in Zellenbüros dauerhaft festen Mitarbeitern zugeordnet, aber sie können auch als Rückzugsräume für konzentriertes Arbeiten oder für externe Berater oder Prüfer vorgesehen sein. Um die Kommunikation und die Wegebeziehungen zwischen einzelnen Arbeitsplätzen zu verbessern, können Zellenbüros mit Zwischentüren versehen werden, was jedoch eine zusätzliche Verkehrsfläche innerhalb der Räume erzeugt. Bei reinen Zellenbürostrukturen erhalten Besprechungs- oder Kommunikationsräume wie z. B. Teeküchen eine wichtige Aufgabe zur Abstimmung und Kommunikation. > Abb. 12

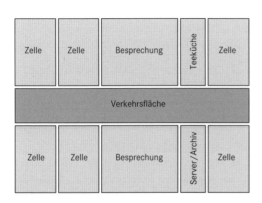

Abb. 12: Schema einer Zellenbürostruktur

Ab einer Belegung von ca. 5 bis maximal 25 Mitarbeitern spricht man von Gruppenbüros, die als abgeschlossene Raumeinheiten an Erschließungsfluren offen oder mit Trennwand angeordnet werden. Sie sind je nach Größe des Gebäudeausbaurasters und Anzahl der Arbeitsplätze zwischen 7,00 m und 30,00 m breit und zwischen 5,00 m und 10,00 m tief. Das Gruppenbüro ist eine Zwischenform zwischen Zellen- und Großraumbüro und ein Versuch, die Vorteile beider Typen miteinander zu kombinieren. Kompakte Möblierungen und halbhohe Trennwände erzeugen eine gute Flächeneffizienz und können gleichzeitig optische und schalltechnische Abgrenzungen einzelner Tischgruppen schaffen, die sich dem

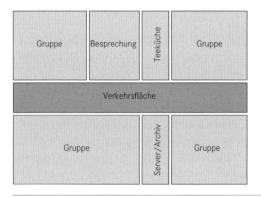

Abb. 13: Schema einer Gruppenbürostruktur

Abb. 14: Möblierungsbeispiele für Gruppenbüros mit „Workbays"

Komfort eines Einzelarbeitsplatzes annähern. Durch Ausweichräume wie Besprechungs- und Konferenzräume oder kleine Zellenbüros können Abstimmungsgespräche oder länger andauernde Telefonate, die die Konzentration der Kollegen beeinträchtigen würden, ausgelagert werden. > Abb. 13 Eine andere Möglichkeit zur Lösung des akustischen Problems bieten spezielle Möbel für Arbeitskojen als Trennwände mit schall-schluckenden Oberflächen. Gruppenbüros sind kommunikationsfördernd, sodass Aufgabenbereiche auf kurzem Weg verteilt werden können. Kleinere Besprechungen bzw. Absprachen können jederzeit im Raum selbst stattfinden.

Die Installation über Bodensteckdosen oder Bodentanks setzt eine frühzeitige genaue Planung der Schreibtischstandorte voraus, da sich Bodentanks nicht unterhalb der Rollbereiche der Bürodrehstühle und des Fußraums befinden sollten.

Kombibüros ergänzen an der Fensterfassade liegende Zellen- oder Gruppenbüros mit einer zusätzlichen Kombizone im Inneren des Gebäudes. Die zusätzliche Kombizone ist in der Regel zwischen 5,00 m und 7,00 m tief und übernimmt auch die Erschließung der außenliegenden Büros. Sie kann durch feste Nutzungen wie Sanitäreinheiten oder Treppenhäuser gegliedert und je nach Anforderung variabel bespielt werden. Durch Kommunikations- und Besprechungszonen, Medien- und Lagerflächen etc. können Kombibüros sehr individuell und flexibel im Hinblick auf die Arbeitsprozesse gestaltet werden. Wichtig sind transparente

Kombibüros

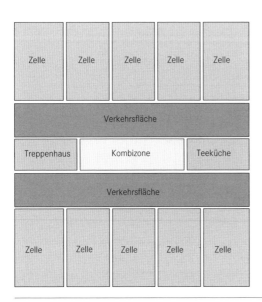

Abb. 15: Schema eines Kombibüros

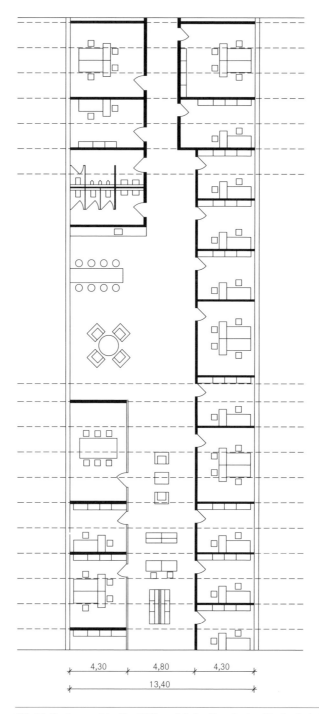

4,30   4,80   4,30

13,40

Abb. 16: Mustergrundriss Kombibüro mit Aufweitung in eine Bürolandschaft

Downlight

Abb. 17: Möblierungsbeispiele für Kombizonen

Flurtrennwände, sodass in Kombizonen der Tageslichtbezug zumindest visuell erhalten bleibt. Die Flächeneffizienz von Kombibüros hängt stark davon ab, ob in der Kombizone zusätzliche Kommunikations- und Pausenbereiche mit großem Flächenbedarf geschaffen oder ob diese vorwiegend mit Nebenfunktionen gefüllt werden, welche sonst an der Außenfassade anzuordnen wären. Letzteres führt in der Regel zu kompakteren und somit effizienteren Bauformen.

Großraumbüros sind oft flurlos gestaltete Arbeitslandschaften, die auch weit über 1000 m^2 umfassen können. Sie können je nach Dichte der Arbeitsplätze sehr flächeneffizient gestaltet werden, bedingen aber einen sehr hohen Installationsaufwand für Daten-/Elektrotechnik sowie Lüftung bzw. Klimatisierung. Deshalb müssen meist deutlich größere Raumhöhen wegen Abhangdecken und Hohlböden eingeplant werden. Neben der Konditionierung solcher Räume sind raumakustische Probleme die größte planerische Herausforderung, um in Großraumbüros die Zufriedenheit der Mitarbeiter zu bewahren. Großraumbüros können beliebig tief sein, doch es hat sich als sinnvoll herausgestellt, dass kein Arbeitsplatz weiter als 20 m von Außenfenstern entfernt sein sollte. Zu beachten ist, dass trotz der eigentlich flurlosen Gestaltung Flucht- und Rettungswege innerhalb des Großraums angeordnet werden müssen, die in der Regel auch einer behördlichen Genehmigung unterliegen.

Großraumbüros

Meist werden in Großraumbüros einzelne Arbeits- oder Nutzungs-bereiche durch mobile Trennwand- und Möbelsysteme hergestellt, um die Größe des Raums flexibel den jeweiligen Anforderungen entsprechend nutzen zu können. Wichtige Gestaltungselemente für konzentriertes Arbeiten oder Telefongespräche sind zudem Rückzugs- und Kommuni-kationszonen, welche in der Regel die Akzeptanz und die Aufenthalts-qualität deutlich erhöhen. > Abb. 18

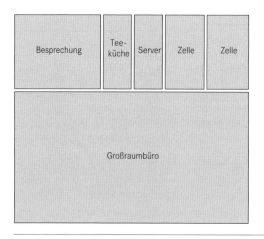

Abb. 18: Schema einer Großraumbürostruktur

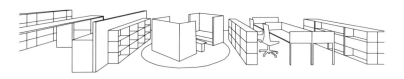

Abb. 19: Beispielhafte Möblierung eines Großraumbüros

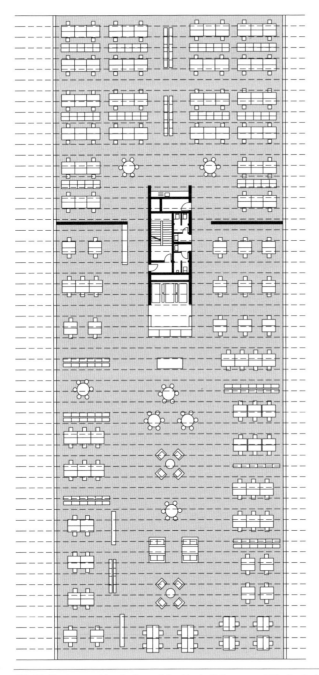

Abb. 20: Mustergrundriss Großraumbüro (Saalmöblierung und Bürolandschaft)

Nonterritoriale Arbeitsplätze

Im Zuge der Entwicklung individuellerer und flexiblerer Arbeitsweisen, bis hin zur völligen Digitalisierung von Arbeitsprozessen, entstehen immer wieder neue Konzepte, die unter dem Begriff der nonterritorialen Arbeitswelten zusammengefasst werden können. Hierzu gehört unter anderem der Ansatz, Arbeitsplätze nicht mehr fest bestimmten Mitarbeitern zuzuordnen, sondern die Flächen flexibel und bedarfsgerecht zu nutzen, z. B. durch Systeme wie Flexible Office, Desk Sharing. Darüber hinaus gibt es Konzepte, die völlig neue Arbeitsformen in den Vordergrund stellen (z. B. Telearbeit, Digitalisierung, unternehmensinterne Think Tanks) und somit die klassische Arbeitsplatzsituation weitgehend überflüssig machen.

Ausgangspunkt sind in der Regel die verschiedenen Arbeitssituationen: von konzentrierten und möglichst ungestörten Phasen bis zu offenen Kommunikations- und Teamphasen, in denen Konzepte entwickelt, Ergebnisse diskutiert oder Weiterbildungsangebote praktiziert werden. Auch Kundeneinbindung und Darstellung des Arbeits- und Entwicklungsprozesses nach außen können eine wichtige Rolle spielen, z. B. um innovative Strukturen des Unternehmens zu präsentieren oder entsprechend qualifiziertes Personal zu gewinnen. Nonterritoriale Arbeitswelten erfordern somit eine Vielzahl von Arbeits- und Kommunikationszonen und lösen klassische Büroformen vielfach komplett auf. > Abb. 21 Es gibt viele individuelle Konzepte, welche teilweise über inszenierte Lebens- und Freizeitwelten aufgelockerte und kreative Arbeitsumgebungen schaffen möchten. Die Grenzen zwischen Arbeit und Freizeit sollen somit verschwimmen. In diese Konzepte können alle bisher erläuterten Bürotypen problemlos integriert werden, in der Regel basieren nonterritoriale Konzepte aber auf Großraumstrukturen.

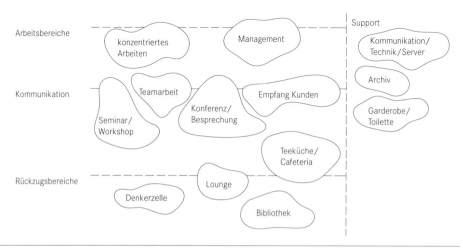

Abb. 21: Funktionale Zusammenhänge nonterritorialer Arbeitswelten

Sowohl in der Kombizone wie auch in Großraumbüros oder nonter- Innenliegende Nutzungsbereiche
ritorialen Arbeitswelten sind innenliegende und nur spärlich natürlich
belichtete Flächen oftmals mit verschiedenen Nutzungsbereichen versehen, die nicht als dauerhafte Arbeitsplätze dienen, sondern diese als
Nebenfunktionen unterstützen. Dies können z. B. sein:

— Offene Kommunikations- und Loungebereiche
— Besprechungsräume
— Teeküchen mit Pausenbereichen
— Fax, Drucker, Kopierer, Server und weitere EDV-Einrichtungen
— Garderoben
— Archiv- und Lagerflächen, Bibliotheken
— Telefonbereiche, Denkerzellen, sonstige temporäre Arbeitsplätze
— Sanitärkerne
— Erschließung mit Treppen, Aufzügen
— Versorgungsschächte

Diese sind zumindest im Bereich von Installationen fest verortet,
können aber ansonsten auch als Einbaumöbel oder flexibel anzuordnende
Elemente > Kap. Raumtypologien, Besprechung und Kommunikation eingeplant werden,
um große Flächen zu zonieren und Nutzungsflexibilität und Kommuni-
kationsmöglichkeiten zu erhöhen.

Sind Arbeitsplätze mit Kundenbezug zu planen, so müssen die in Arbeitsplätze mit Kundenbezug
Kapitel Grundlagen beschriebenen Anforderungen mit den Bedürfnissen
des Kundenverkehrs in Einklang gebracht werden. Gerade in hochfre-
quentierten Gebäuden wie Banken, Kundencentern oder öffentlichen Bür-
gerdiensten werden Arbeitsplätze häufig gemeinsam mit Wartebereichen
und Informationseinrichtungen in großen Räumen oder Hallen angeordnet.
Daraus folgen neben den teilweise nur bedingt erreichbaren physikalischen
Anforderungen wie eine geringe Geräuschbelästigung am Arbeitsplatz
auch die Gewährleistung von Privatsphäre und Sicherheit für die Mitarbeiter. Darüber hinaus sind die öffentlichen Bereiche mit Informations-
tresen, Wartebereichen, Getränkebereitstellung sowie Sanitärkernen etc.
auszustatten. Auch sind barrierefreie Sanitäranlagen und Leitsysteme
für Mitarbeiter und Besucher bzw. Kunden getrennt vorzusehen.

BESPRECHUNG UND KOMMUNIKATION

Besprechungs- und Kommunikationsbereiche sind in jeder Büronutzung ein wichtiges Element zur Gewährleistung eines funktionierenden Arbeitsablaufs. Sie können entweder offen in die jeweiligen Büroeinheiten integriert, über dezentrale Besprechungsräume bzw. -bereiche
angegliedert oder zentral in eigenen Organisationseinheiten als Seminar-
und Besprechungseinheiten angeordnet werden.

Die Bandbreite von integrierten Kommunikations- und Besprechungs-bereichen reicht von kleinen Besprechungstischen mit zwei Stühlen in Zellenbüros bis hin zu unterschiedlich gestalteten nonterritorialen Kommunikationsflächen in Großraumbüros. Die Integration von Kommunikationsbereichen in Großraumstrukturen wiederum reicht von kleinen Besprechungskojen in Form von Möbelstücken > Abb. 22 bis hin zu thematisch oder freizeitäquivalent gestalteten Umgebungen > Abb. 23. Die Ausprägung hängt stark von den jeweiligen Nutzungen und dem Bedarf an Orten für Diskussion, Abstimmung, Entscheidungsfindung und Präsentation ab.

Besprechungsräume sind in der Regel monofunktionaler ausgebildet und bieten eine ruhige und teilweise auch räumlich abgeschottete Möglichkeit zum Austausch der Mitarbeiter untereinander bzw. mit Kunden. Sie können zentral, einzelnen Abteilungen oder Etagen sowie einzelnen Personen zugeordnet sein, wodurch sich auch die Lage innerhalb des Gebäudes ableiten lässt. Gerade bei Besucherverkehr ist eine möglichst einfache und direkte Zugänglichkeit sinnvoll, um Besucher nicht erst durch interne Abteilungen führen zu müssen. Aufgrund der flexiblen Anforderungen verschiedener Gruppen und des hohen Flächenbedarfs von Besprechungsräumen ist es häufig sinnvoll, diese flexibel unterteilen zu können, um sowohl regelmäßigen kleineren Besprechungen als auch gegebenenfalls größeren Runden gerecht werden zu können. Die Größe des Besprechungsraums hängt letztendlich von der maximalen Teilnehmerzahl und der Möblierung ab. > Abb. 24

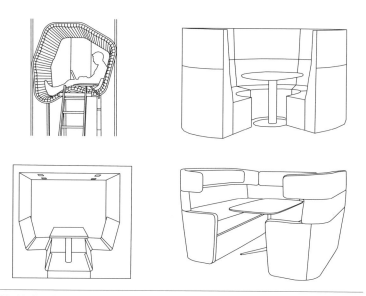

Abb. 22: Sitzmöbelbeispiele für Nutzungen in Kombizonen

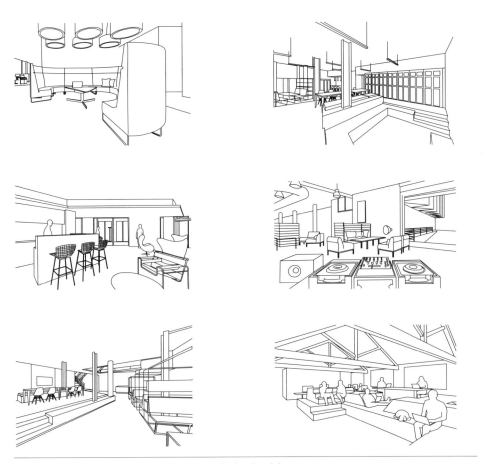

Abb. 23: Beispiele für die Gestaltung von Kommunikationsbereichen

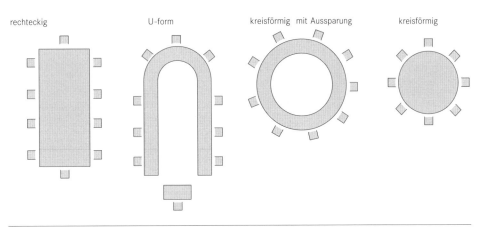

rechteckig U-form kreisförmig mit Aussparung kreisförmig

Abb. 24: Möblierungsvarianten für Besprechungsräume

Besprechungsräume sind mit technischer Infrastruktur auszustatten. Ab einer Größe von ca. 4–6 Sitzplätzen sind Beamer, Leinwand bzw. Projektionsfläche, Verdunklungsmöglichkeiten und Netzwerkanschlüsse obligatorisch. Auch ist die Platzierung einer Teeküche respektive einer Selbstbedienungskaffeebar in der Nähe eines Besprechungsraums sinnvoll.

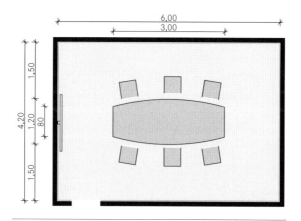

Abb. 25: Möblierungsbeispiel für einen kleinen Besprechungsraum

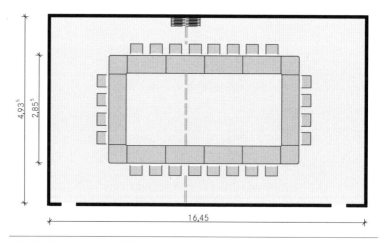

Abb. 26: Möblierungsbeispiel für einen kleinen Konferenzraum

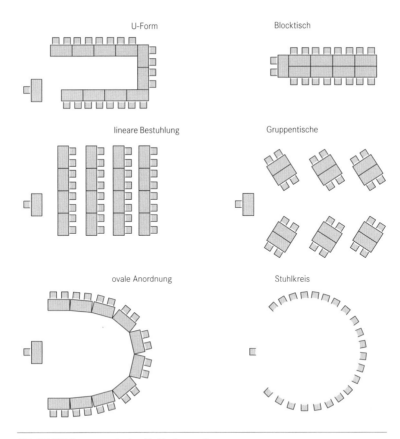

U-Form

Blocktisch

lineare Bestuhlung

Gruppentische

ovale Anordnung

Stuhlkreis

Abb. 27: Möblierungsvarianten für Konferenzräume

Werden mehrere Besprechungsräume an einer zentralen Stelle im Gebäude platziert, so lassen sich eigenständige Seminar- und Konferenzbereiche gestalten, die unter Umständen auch durch eigene Zugangssituationen und Versorgungseinrichtungen begleitet werden. Die Bündelung und Zusammenschaltbarkeit von Besprechungs- und Konferenzräumen ist eine Voraussetzung dafür, dass auch größere Veranstaltungen durchgeführt werden können. Durch die Erschließung eines Besprechungs- und Konferenzbereichs über das Hauptfoyer können Termine mit Kundenkontakt oder Schulungen besser organisiert und durchgeführt werden. Seminar- und Konferenzbereichen sollten auch separate Sanitäreinheiten inklusive Behinderten-WC, Pausenbereiche, Kaffee- und Snackbar sowie Lagerräume für mobile Bestuhlung und Ausstattung zugeordnet werden.

Seminar- und Konferenzbereiche

ERSCHLIESSUNG UND VERSORGUNG

Die Erschließung von Bürogebäuden erfolgt in der Regel über einen zentralen Eingang sowie über vertikale Erschließungskerne und Flure. Handelt es sich um eine monofunktionale Nutzung, sind offene Bereiche möglich, welche auch ineinanderfließen können. Werden durch einen Eingang mehrere einzelne Nutzungseinheiten erschlossen, so ist der Zugang zweistufig über einen zentralen öffentlichen und einen der Nutzungseinheit zugeordneten Eingang auszubilden. Wenn ein Bürogebäude auch repräsentativen Zwecken mit Besucherverkehr dient, wird der Eingang oft über ein mehrgeschossiges Foyer mit Empfangsbereich und Zugänglichkeit zu allen Besucher- und Besprechungsbereichen organisiert.

Barrierefreiheit

Unabhängig von der Art und Nutzung eines Bürogebäudes sollten alle Bereiche barrierefrei zugänglich und nutzbar sein. Dies bedeutet, dass alle Flächen für Rollstuhlfahrer ebenerdig, gegebenenfalls über Aufzüge, zu erreichen sind, alle Wege und Türen ausreichend breit bemessen sind und rollstuhlgerechte Arbeitsplätze mit genügend Abstandsflächen bei Bedarf jederzeit eingerichtet werden können. > Abb. 28 und 29 Für seheingeschränkte Menschen ist eine gute Orientierung im Gebäude sowie eine kontrastreiche und möglichst blendfreie Ausgestaltung notwendig. Außerdem kommt es neben der Bereitstellung von typischen Räumen wie Behinderten-WCs vor allem darauf an, dass der Planer durchgängig die Voraussetzung dafür schafft, dass Menschen mit Einschränkungen ohne Probleme alle Räumlichkeiten erreichen können.

Eingangsbereiche

Eingangsbereiche können reduziert als Windfang mit Zugangskontrolle oder als repräsentative Fläche mit diversen Nebenfunktionen ausgebildet werden. > Abb. 30 Sie prägen den ersten Eindruck beim Betreten des Gebäudes und sind somit häufig wichtiger Bestandteil der Unternehmensidentität. Als grober Anhaltspunkt kann ein Flächenbedarf von 0,2 bis 0,6 m^2 je Mitarbeiterplatz angenommen werden.

Wird ein Empfang geplant, so sind auch für diesen Arbeitsplatz alle arbeitsrechtlichen Vorschriften zu berücksichtigen. Oftmals wird der Zugang durch Sicherheitssysteme bzw. Zugangskontrollen beschränkt, welche die Grenze zwischen öffentlich zugänglichen Bereichen und dem internen Mitarbeiterbereich darstellen. Dem Empfang können unter Umständen auch eine Poststelle sowie Paketlager etc. direkt zugeordnet

○ **Hinweis:** Weitere Anforderungen an die barrierefreie Gestaltung finden sich in den folgenden Kapiteln und werden darüber hinaus in *Basics Barrierefrei Planen* von Isabella Skiba und Rahel Züger ausführlich behandelt. Dort werden auch die Anforderungen an spezifische Räume zur Nutzung durch Menschen mit unterschiedlichen Einschränkungen erläutert.

sein. Werden Wartebereiche im Foyer angeordnet, sollten außerdem Sanitärbereiche ergänzt werden. Bei Nutzungen mit hohem Kunden- bzw. Besucheraufkommen sind Leitsysteme und klare Wegebeziehungen sehr wichtig, um die Orientierung zu erleichtern. Liegen Stellplätze im Untergeschoss, sollten diese dem Eingangsbereich sinnvoll zugeordnet sein, ohne dass das Sicherheitskonzept des Gebäudes außer Acht gelassen wird. So können gegebenenfalls eigene Aufzüge nur für den Pendelverkehr zwischen Tiefgaragen und Foyer notwendig werden.

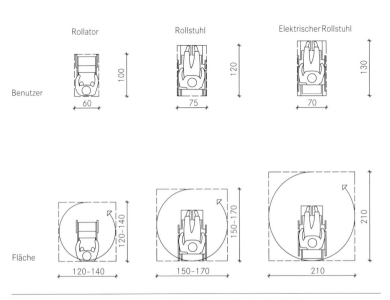

Abb. 28: Bewegungsbereiche von Menschen mit Gehhilfe oder Rollstuhl

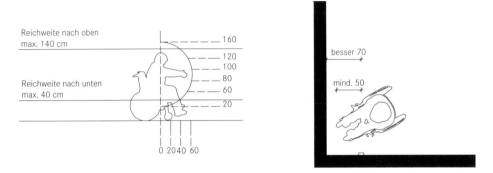

Abb. 29: Bedienbereiche von Rollstuhlfahrern

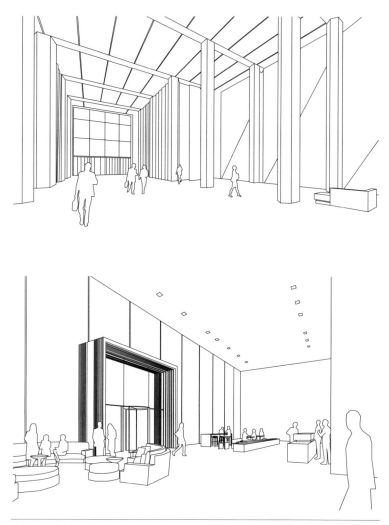

Abb. 30: Beispiele für Eingangsbereiche

Vertikale Erschließung   Ausgehend von der Eingangszone respektive dem Foyer mit Empfang oder Pförtner sollte die interne Vertikalerschließung gut auffindbar sein. Die Anzahl der notwendigen Aufzüge ergibt sich aus der jeweils gültigen Bauordnung; je nach Besucheraufkommen und Komfortanforderung sind möglicherweise weitere bzw. größere Aufzüge zur Reduzierung von Wartezeiten einzuplanen. > Abb. 31 Sollte im Foyer eine offene Erschließung vorgesehen sein, müssen die Anforderungen an Flucht- und Rettungswege berücksichtigt und gegebenenfalls weitere Treppenräume angeordnet werden.

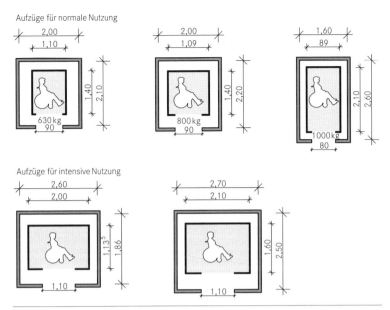

Aufzüge für normale Nutzung

Aufzüge für intensive Nutzung

Abb. 31: Richtwerte für Aufzugsdimensionen in Anlehnung an DIN 15309

Tab. 6: Mindestbreiten von Verkehrswegen nach ASR A 1.8

Lichte Mindestbreite von Verkehrswegen nach Anzahl der Personen im Einzugsgebiet	
bis 5 Personen	0,875 m
bis 20 Personen	1,00 m
bis 200 Personen	1,20 m
bis 300 Personen	1,80 m
bis 400 Personen	2,40 m

Flure dienen der reinen Erschließung, bilden notwendige Flucht- und Rettungswege oder sind je nach Bürotyp auch Aufenthalts- und Kommunikationszone. Insbesondere bei integrierten Konzepten wie Kombizonen oder Großraumbüros ist darauf zu achten, dass die lichten Mindestbreiten eingehalten werden > Tab. 6 und die nicht zu vermeidenden Brandlasten mit dem Brandschutzkonzept abgestimmt sind. Gleiches gilt für Türen, welche Brandabschnitte teilen und ebenfalls die lichten Mindestbreiten einzuhalten haben. Die Richtung des Türaufschlags muss bei der Dimensionierung von Fluchtwegen, aber auch unter dem Blickwinkel einer barrierefreien Gestaltung bei der Bemessung der Flurbreiten unbedingt berücksichtigt werden. > Abb. 32 und 33

Flure im Bürobereich

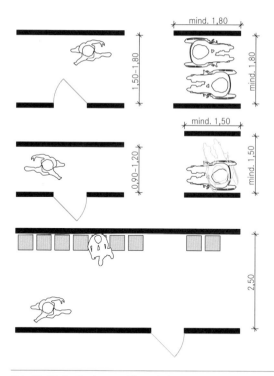

Abb. 32: Mindestbreiten von Fluren bei unterschiedlichen Nutzungen

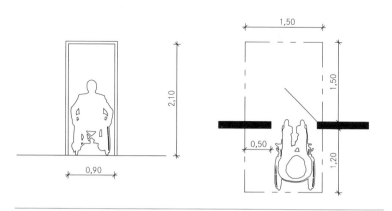

Abb. 33: Mindestmaße von Türen und Bewegungsflächen im barrierefreien Bauen

Tab. 7: Maximale Rettungsweglängen in Arbeitsstätten nach ASR A2.3

Raumtyp	Maximale Länge
In normalen Arbeitsräumen	35,00 m
Für brandgefährdete Räume mit selbsttätigen Feuerlöscheinrichtungen	35,00 m
Für brandgefährdete Räume ohne selbsttätige Feuerlöscheinrichtungen	25,00 m

Durch die genannten Vorgaben und die maximale Länge von Flucht- und Rettungswegen, welche sich in der Regel aus den örtlich gültigen Bauvorschriften ergibt, entstehen Abstände von Erschließungskernen und Brandabschnitten in der Grundrisstypologie.

Brandabschnitte werden durch raumabschließende Wände, Decken und Türen gebildet, die eine Widerstandsdauer gegen Feuer und Rauch gewährleisten, um einen Brand während einer Gebäuderäumung auf den von ihnen umschlossenen Brandabschnitt zu begrenzen. Ein notwendiger Treppenraum darf in Deutschland maximal 35 m entfernt sein. > Tab. 7 In der Regel muss eine Flucht über zwei unabhängige Wege aus dem Gebäude möglich sein, sollte ein Weg durch einen Brandherd unbenutzbar sein. Brandabschnitte dürfen maximal 40 × 40 m groß sein und notwendige Flure müssen alle 30 m mit selbstschließenden Rauchschutztüren abgetrennt werden. Hieraus ergeben sich verschiedene Möglichkeiten der Grundrissgestaltung und Strukturierung von Gebäudeabschnitten.

NEBENRÄUME

Neben der Erschließung und den eigentlichen Arbeitsbereichen benötigen Bürogebäude überdies diverse Nebenräume bzw. -funktionen. Hierzu gehören:

— Teeküchen und Essensbereiche, eventuell Kantinen
— Gegebenenfalls Pausenräume
— Sanitärbereiche
— Sanitätsraum
— Lager- und Archivräume
— Logistik- und Versorgungsräume wie Serverräume, Putzmittelräume etc.

In jeder Büroeinheit bzw. -etage sollte eine Teeküche angeordnet werden, die von allen Mitarbeitern leicht zu erreichen ist. Oftmals werden diese in der Nähe der Sanitärkerne in allen Geschossen übereinander angeordnet, um eine einfache Installation zu ermöglichen. Der Mindeststandard einer Teeküche umfasst eine kleine Küchenzeile mit Schränken, Kühlschrank, Spüle, Kaffeemaschine, Wasserkocher etc. Viele Unternehmen integrieren Teeküchen jedoch in größere Kommunikationsbereiche als Selbstbedienungskaffeebar. > Abb. 34 und 35

Brandabschnitte

Teeküchen

Abb. 34: Beispiel für eine Teeküche in der Kombizone

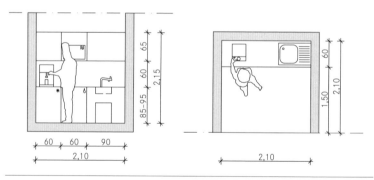

Abb. 35: Mindestmaße einer Teeküche als separater Raum

Tab. 8: Mindestabstandsflächen im Küchenbereich

Einzuhaltende Mindestabstände in Küchen	
Abstand zwischen zwei gegenüberliegenden Küchenzeilen (Stellflächen)	1,20 m
Abstand zwischen Küchenzeile und gegenüberliegender Wand	1,20 m
Abstand zwischen zwei gegenüberliegenden Küchenzeilen, rollstuhlgerecht	1,50 m
Abstand zwischen Küchenzeile und gegenüberliegender Wand, rollstuhlgerecht	1,50 m
Abstände zwischen Küchenzeile und angrenzender Wand	3 cm
Abstand zwischen Küchenzeile und Tür-/Fensterlaibung	10 cm

Sind Pausenräume notwendig, so bietet sich die Kombination von Pausenräume Pausenraum und Teeküche an, um hier auch die Möglichkeit der Essenseinnahme für die Mitarbeiter zu schaffen. Die Räumlichkeiten sollten ausreichend Sitzgelegenheiten bieten und müssen eine Sichtverbindung nach draußen besitzen. > Abb. 36 Separate Pausenräume sind beispielsweise notwendig, wenn die Arbeitsplätze im direkten Kundenbereich liegen und die Mitarbeiter dort ihre Arbeitspause nicht ungestört verbringen können.

Abb. 36: Pausenraum mit Teeküchenzeile

In größeren Bürogebäuden bzw. bei fehlender Gastronomie im Umfeld des Gebäudes können eigene Betriebskantinen eingeplant werden, um eine Versorgung der Mitarbeiter zu gewährleisten oder ihre Zufriedenheit durch ein hochwertiges Angebot zu verbessern. Kantinen stellen eigenständige Organisationseinheiten dar und verfügen neben dem Gastbereich über einen umfangreichen und komplexen Küchenbereich. > Abb. 37 Für die Berücksichtigung von Kantinenflächen in der Planung kann als grober Richtwert ca. 1,00–1,5 m^2 Gastraum pro Sitzplatz und ca. 1,2– 1,6 m^2 Küchenbereich angesetzt werden.

Sanitärbereiche   In Bürogebäuden werden Sanitärräume in der Regel zu etagen- oder abschnittsweisen Sanitärkernen zusammengefasst, welche in der Nähe der Steigestränge der Versorgungsleitungen (meist am Erschließungskern) platziert werden. Es haben sich Sanitärkerne etabliert, die aus einem Damen- und einem Herrenbereich mit zwischengeschaltetem Behinderten-WC bzw. zusätzlichem Putzmittelraum bestehen. > Abb. 38 Die Anzahl an notwendigen Toiletten und Waschbecken ergibt sich aus den Arbeitsstättenvorschriften. > Tab. 9 Manche Arbeitgeber bieten ihren Mitarbeitern auch separate Duschmöglichkeiten (z. B. für sportliche Aktivitäten in der Mittagspause) an.

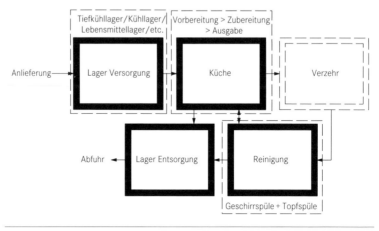

Abb. 37: Funktionsbeziehungen einer gewerblichen Küche

○ **Hinweis:** Die Anforderungen an eine gewerbliche Küche können in diesem Rahmen nicht in Detail behandelt werden. Ausführlich werden gewerbliche Küchen und Kantinen im Buch *Architektur planen*, erschienen im Birkhäuser Verlag, behandelt.

Neben den Sanitärbereichen für Mitarbeiter sind an sinnvollen Stellen wie z. B. im Foyer, bei Besprechungsbereichen, Wartezonen etc. zusätzlich Gästetoiletten vorzusehen.

Abhängig von den Landesgesetzen ist in der Regel ab einer Beschäftigtenzahl von 1000 Mitarbeitern ein separater Sanitätsraum von ca. 20 m² erforderlich, in dem bei einem medizinischen Notfall Erste Hilfe gewährt werden kann, bis der Rettungsdienst eintrifft. Dieser Raum sollte möglichst in ebenerdiger Nähe zum Eingangsbereich angeordnet werden.

Sanitätsraum

Bei Lager- und Archivräumen wird grundsätzlich unterschieden, ob es sich um Lagerung von Verbrauchsmaterial oder von nur selten genutzten Akten im Sinne eines Archivs handelt. Für beide Varianten gibt es zentrale und dezentrale Strategien. So können Aktenlager beispielsweise

Lager- und Archivräume

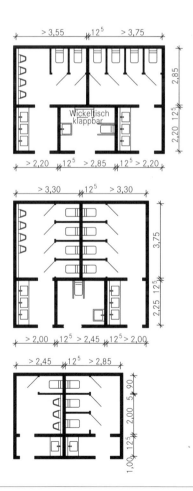

Abb. 38: Flächenbedarfe von Sanitäranlagen

Tab. 9: Anzahl notwendiger Toiletten, Urinale, Handwaschgelegenheiten nach ASR A4.1

Beschäftigte Männer	Anzahl Toiletten	Anzahl Urinale	Handwasch-gelegenheiten	Beschäftigte Frauen	Anzahl Toiletten	Handwasch-gelegenheiten
bis 5	1	1	1	bis 5	1	1
bis 10	1	1	1	bis 10	1	1
bis 25	2	2	1	bis 25	2	2
bis 50	3	3	1	bis 50	3	2
bis 75	5	5	2	bis 75	4	3
bis 100	6	6	2	bis 100	5	3
bis 130	7	7	3	bis 130	6	4
bis 160	8	8	3	bis 160	7	4
bis 190	9	9	3	bis 190	8	5
bis 220	10	10	4	bis 220	9	6
bis 250	11	11	4	bis 250	10	7

abteilungsintern in Kombizonen oder als Archivzentrale in den Keller-räumen vorgesehen werden. Der Flächenbedarf für Lagerräume ist stark von der jeweiligen Nutzung abhängig. Etagenweise können schlecht be-lichtete Räume neben Erschließungskernen ebenfalls als Lagerräume z. B. für Verbrauchsmaterial genutzt werden. Bei Konferenz- und Bespre-chungsbereichen sind Stuhl- oder Möbellager vorzusehen.

Server   Serverräume werden je nach Netzwerkarchitektur extern oder im Gebäude meist an geschützter Stelle im Untergeschoss angeordnet. Entlang der Steigestränge sind dann etagenweise Verteilerräume für das Datennetz zu projektieren, sofern eine kabelbasierte Datentechnik vor-gesehen ist. In kleineren Einheiten werden Serverschränke häufig auch innerhalb von anderen Räumen eingeplant, wobei jedoch die nicht uner-hebliche Geräusch- und Wärmeemission berücksichtigt werden muss.

Technikräume   Haustechnische Räume für Lüftung, Heizung, Hausanschlüsse etc. werden in größeren Gebäuden meist in Unter- oder Dachgeschossen zu Technikzentralen zusammengefasst. Lüftungsanlagen werden aus Kos-tengründen häufig auch frei bewittert auf dem Dach angeordnet.

Reinigung   In jeder Etage und in jeder separat vermieteten Nutzungseinheit muss ein Putzmittelraum vorgesehen werden, der über ein Ausguss-becken mit Wasseranschluss verfügen sollte.

Gebäudekonzeption und Bauformen

Auf Basis der zuvor beschriebenen Raumtypologien und Funktionsbereiche lassen sich zwar bereits erste Grundrissstrukturen entwickeln, doch für einen funktionierenden Entwurf müssen zahlreiche weitere Parameter berücksichtigt werden. Hierzu gehören z. B. städtebauliche Rahmenbedingungen und der Grundstückskontext, die Funktionszusammenhänge, die Gebäudekubatur, das Erschließungssystem und die Tragstruktur des Gebäudes. Diese Parameter werden im Folgenden erläutert, um die komplexen Einflussfaktoren beim Entwerfen von Bürogebäuden besser integrieren zu können. ■

ERMITTELN VON FLÄCHEN UND VOLUMEN

Auf der Basis der Nutzeranforderungen werden die Raumprogramme und Anforderungsprofile für die Ausgestaltung der Büro- und Nebenflächen entwickelt. Zu Beginn des Entwurfsprozesses ist es allerdings notwendig, grob zu überprüfen, welches Volumen bzw. welche Flächen sich auf dem Grundstück realisieren lassen respektive welches Volumen bei der gewünschten Arbeitsplatzanzahl notwendig ist.

Tab. 10: Planungswerte nach Büroorganisationsformen

Raumform	Personen	Raumtiefe	Lichte Raumhöhe
Zellenbüro	1–4	5–6 m	≥ 2,50 m
Gruppenbüro	5–25	5–10 m	≥ 2,50 m – ≥ 3,00 m
Kleingruppen	5–8	5–7,5 m	≥ 2,50 m – ≥ 2,75 m
Großgruppen	8–25	7,5–10 m	≥ 2,75 m – ≥ 3,00 m
Kombibüro (Zellen- und Gruppenbüros)	1–25	4–10 m	≥ 2,75 m – ≥ 3,00 m
Kombibüro (Kombizone, Verkehrsfläche)		5–7 m	
Großraumbüro	25 – > 100	15–40 m	≥ 3,00 m – ≥ 3,25 m

■ **Tipp:** Im Band *Basics Entwurfsidee* von Bert Bielefeld und Sebastian El khouli werden Studenten verschiedene Möglichkeiten dargestellt, sich einer entwurflichen Lösung zu nähern. Neben grundsätzlichen Anregungen zu kreativen Prozessen und zur Entwicklung eines Entwurfsansatzes werden verschiedene Inspirationsquellen für eine Entwurfsidee aufgezeigt.

In einem ersten Schritt ist die Anzahl der unterzubringenden Mitarbeiter mit dem Flächenbedarf pro Mitarbeiter zu multiplizieren. Doch auch wenn im vorigen Kapitel die Mindestfläche mit $8\,m^2$ angegeben wurde, ist bei höherwertigen Büroflächen meist deutlich mehr Fläche pro Mitarbeiter anzusetzen. Bei Zellenbüros werden häufig Standards von $13-18\,m^2$ angesetzt, in effizienteren Büroformen wie Gruppen- oder Großraumbüros liegt diese Zahl niedriger.

Ist der durchschnittliche Flächenverbrauch pro Mitarbeiter festgelegt, so kann durch einfache Multiplikation der Gesamtbedarf der reinen Arbeitsplätze ermittelt werden. Ergänzend müssen die Flächen für Nebenfunktionen, Verkehrs- und Konstruktionsflächen errechnet werden. Sind umfangreiche Nebenfunktionen wie zentrale Besprechungs- und Konferenzeinheiten vorgesehen, sollten diese in ihrem Flächenbedarf auch separat ermittelt werden. Für arbeitsplatznahe Nebenflächen wie Teeküchen, Toiletten, Abstellräume, kleinere Kommunikationszonen, Treppenhäuser etc. können entweder allgemeine Zuschläge eingerechnet werden, oder man ermittelt anhand von schematischen Grundrissen einen spezifischen Anteil der Nebenflächen. > Abb. 39 Sofern schon Ideen zur Grundrissgestaltung existieren, ist letzterer Weg erheblich genauer.

Für Konstruktions- und Technikflächen wie Wände und Stützen, Fassaden, Schächte etc. sollte zudem ein Zuschlag von in der Regel $15-30\,\%$ hinzugerechnet werden, um aus der reinen Nutzfläche eine Bruttogrundfläche abzuschätzen. Letztere ist wichtig, um über die Geschossigkeit die bebaute Fläche zu ermitteln und diese auf dem zur Verfügung stehenden Grundstück unterbringen und positionieren zu können.

Um darüber hinaus Gebäudehöhen und Volumina prüfen zu können, ist die vorige Flächenberechnung noch mit einer Höhe zu hinterlegen. Raum- und Geschosshöhen sind vor dem Hintergrund zu planen, dass sie sowohl

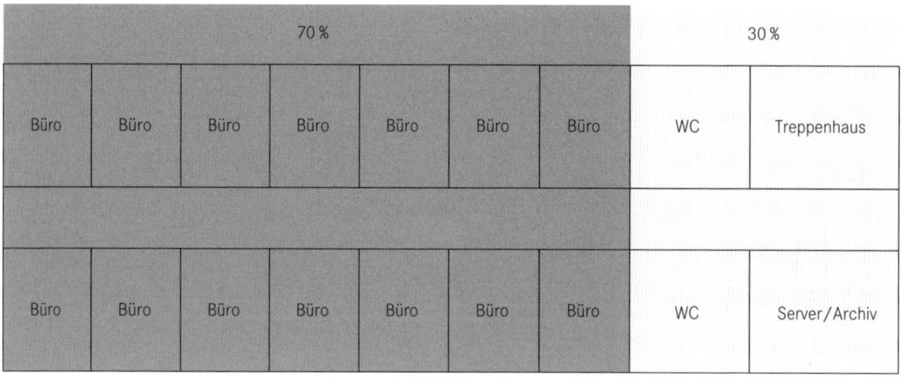

70 %							30 %	
Büro	Büro	Büro	Büro	Büro	Büro	Büro	WC	Treppenhaus
Büro	Büro	Büro	Büro	Büro	Büro	Büro	WC	Server/Archiv

Abb. 39: Schematische Ermittlung des Anteils der Nebenflächen

Tab. 11: Lichte Mindestraumhöhen bei Büroarbeitsplätzen nach ASR A 1.2

Grundfläche bis 50 m²	≥ 2,50 m
Grundfläche bis 100 m²	≥ 2,75 m
Grundfläche bis 2000 m²	≥ 3,00 m
Grundfläche über 2000 m²	≥ 3,25 m
Lichte Raumhöhe bei schrägen Decken an Arbeitsplätzen sowie Verkehrswegen	≥ 2,50 m

gesetzlichen Mindestvorgaben als auch proportionalen Prinzipien genügen müssen. Je nach Raumgröße sollten lichte Mindesthöhen von 2,50–3,25 m nicht unterschritten werden. > Tab. 11 Wird dies in einem Großraumbüro jedoch konsequent umgesetzt, entstehen teils gedrungene Räume, die keine Aufenthaltsqualität besitzen. Somit ist zu prüfen, welche Räume die maximale lichte Raumhöhe für das gesamte Geschoss festlegen.

Um aus der Raumhöhe eine Geschosshöhe zu ermitteln, müssen neben tragkonstruktiven Elementen (Deckenplatten, Unterzüge) auch die konstruktiven und technischen Aufbauten wie Estrich, Abhangdecke sowie die technischen Installationsebenen berücksichtigt werden. Je nach Aufbau entstehen hier Konstruktionshöhen von mindestens 40 cm (Sichtdecke und schwimmender Estrich) bis mehr als 100 cm (Abhangdecke inkl. Lüftungsinstallation, Rohdecke, aufgeständerter Boden inkl. Datentechnik und Lüftung). > Abb. 40

Derartige Rechenbeispiele erlauben es trotz der zunächst sehr groben Abschätzung, zu Beginn des Entwurfs ein Gefühl für die Baumasse auf dem Grundstück zu erhalten und dies bereits in die ersten Entwurfsüberlegungen direkt einzubinden.

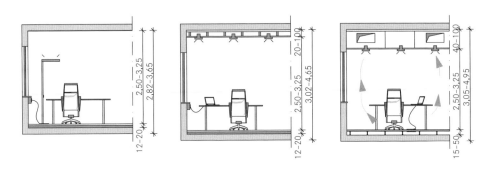

Abb. 40: Ermittlung der Geschosshöhen bei verschiedenen Installationsebenen

FUNKTIONSZUSAMMENHÄNGE

Analyse interner
Abläufe
Nach der Ermittlung des Flächenbedarfs bzw. des Raumprogramms ist es im nächsten Schritt wichtig, die Funktionszusammenhänge der Nutzung zu verstehen. Hierzu gehören grundlegend die Größen einzelner Organisationseinheiten, für eine funktionierende Büronutzung sind aber die funktionalen und kommunikativen Zusammenhänge wesentlicher. > Abb. 41 So muss man z. B. herausfinden:

— welche Organisationseinheiten eng zusammenarbeiten,
— ob diese Zusammenarbeit digital organisiert ist oder auch physische Treffen beinhaltet,
— wie Führungsebenen in die Bürostrukturen eingebunden bzw. hiervon separiert werden sollen,
— welche Organisationseinheiten beispielsweise kurze Wege zu anderen Einheiten haben müssen,
— welche Organisationseinheiten eine starke Nachfrage nach Kommunikations- und Besprechungsbereichen haben,
— welche Organisationseinheiten solche Bereiche auch gemeinsam nutzen können,
— welche Bereiche Besucher direkt betreten dürfen oder ob es halböffentliche Pufferzonen wie Meetingpoints oder Besprechungszonen gibt,
— welche Bereiche von Besuchern und bereichsfremden Mitarbeitern nur mit einer Berechtigung betreten werden dürfen.

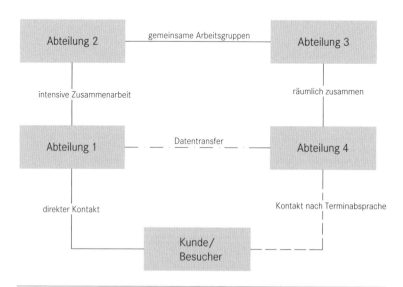

Abb. 41: Skizze zur Identifikation von Abhängigkeiten zwischen Abteilungen

Diese Funktionszusammenhänge sollten in intensiven Gesprächen mit den Nutzern geklärt werden, da der Ist-Zustand häufig nicht das widerspiegelt, was eigentlich notwendig oder sinnvoll wäre. Daher muss zunächst der Bedarf formuliert werden.

Eine gute Möglichkeit, Funktionszusammenhänge zu visualisieren, stellen Funktionspläne oder Funktionsschemata dar. Sie zeigen grafisch die Organisationseinheiten und Nebenbereiche und verbinden diese über Wegebeziehungen bzw. interne Abläufe. > Abb. 42 Ergänzend können auch Flächenbedarfe oder Zonierungen wie „intern/mit Besucherverkehr", „erdgeschossig/überall anzuordnen" bzw. „ruhige Sacharbeit/kommunikative Bereiche" dargestellt werden (z. B. durch farbige Hinterlegungen). Ein Funktionsschema ist somit nicht nur ein gutes Kommunikationsmittel zur Abstimmung mit dem Bauherrn bzw. den Nutzern, es ist auch eine Grundlage für das Entwerfen respektive sogar eine hilfreiche Zwischenstufe zur Grundrisskonzeption. ■

Funktionspläne und -schemata

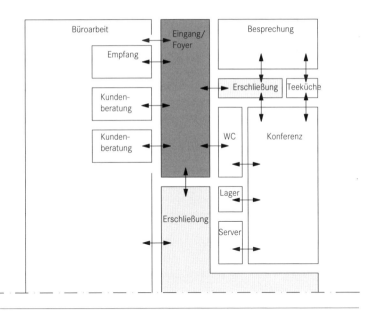

Abb. 42: Ausschnitt aus einem Funktionsschema eines Eingangsbereichs

■ **Tipp:** Funktionspläne können so aufgebaut werden, dass ausschließlich die Beziehungen dargestellt werden. Ergänzend können die Bereiche in ihrem tatsächlichen Flächenbedarf visualisiert werden, was Flächenproportionen ablesbar macht, oftmals aber die Erkennbarkeit der Zusammenhänge erschwert. Bei mehrgeschossigen Aufteilungen ist unter Umständen eine isometrische Zeichnung der Geschosse übereinander sinnvoll.

Neben den Interaktionen zwischen einzelnen Organisationseinheiten bzw. der Öffentlichkeit werden in einem Funktionsschema auch die Beziehungen der Nebenflächen und der Erschließung abgebildet. Die in Kapitel Nebenräume dargestellten Bereiche sind sinnvoll in die Nutzungsstruktur des Gebäudes zu integrieren. So sollten Nebenräume wie Sanitärräume, Kopierräume, Teeküchen etc. auf kurzem Wege dezentral von allen Arbeitsplätzen erreichbar sein. Besprechungs- und Konferenzzonen können dezentral für kurze interne Besprechungen oder zentral für größere Besprechungen bzw. Kundenkontakt angeordnet werden.

STÄDTEBAULICHER KONTEXT

Aus funktionalen Zusammenhängen lassen sich Grundrisse und Gebäude entwickeln, jedoch ist der städtebauliche Kontext, in den das Gebäude geplant wird, ebenso ein entscheidender Planungsparameter.

Im urbanen Kontext sind häufig die Kubaturen oder die bebaubaren Flächen vorgegeben. Dies kann durch Bebauungspläne geschehen, die die Nutzungsmöglichkeiten von Grundstücken festsetzen, oder durch den Ortszusammenhang, wenn beispielsweise eine Blockrandbebauung mit definierter Höhe in einer Baulücke zu ergänzen ist.

Darüber hinaus müssen verschiedene Parameter berücksichtigt werden, welche die Grundstücksnutzung vorgeben. Dies können beispielsweise sein:

— Orientierung des Grundstücks zur Erschließung bzw. zum Straßenraum
— Orientierung des Grundstücks zur Sonne
— Orientierung des Grundstücks zu Lärmquellen wie z. B. einer stark befahrenen Straße
— Abstandsflächen zu benachbarter Bebauung
— Besondere Blickbeziehungen aus dem und in den öffentlichen Raum
— Erreichbarkeit mit dem Individualverkehr und dem öffentlichen Personennahverkehr
— Anordnung von Stellplatzflächen

Grundstücke können sehr spezielle Geometrien aufweisen, die dadurch die Art der Bebauung bereits vorgeben. Mitunter ist auch der direkte Nachbarschaftsbezug (wie in einem Blockrand) entscheidend für die Positionierung und Ausrichtung des Gebäudes. Sind nur wenige Zwänge durch Grundstücksform oder Kontext vorhanden, so können andere Einflussfaktoren gelten. Hierzu gehören beispielsweise die Orientierung zu einem öffentlichem Raum oder einem Grünbereich, die Wirkung des Gebäudes im Straßenzusammenhang, der bauliche Lärmschutz z. B. bei stark befahrenen Straßen, die Orientierung zur Belichtung der Nutzungen und viele weitere.

Gerade im urbanen Kontext ist die Erschließung des Grundstücks Erschließung des Grundstücks häufig ein entscheidender Parameter. Einerseits ist der Anschluss an das öffentliche Netz des Personennahverkehrs wichtig, andererseits beanspruchen die notwendigen Stellplatzflächen und entsprechenden Zufahrten einen nicht zu unterschätzenden Flächenbedarf. Besteht auf dem Grundstück nicht die Möglichkeit, freie Stellplatzflächen ebenerdig anzuordnen, müssen möglicherweise Tiefgaragen neben oder unter dem Gebäude vorgesehen werden. > Kap. Gebäudekonzeption und Bauformen, Raum- und Tragsysteme

GEBÄUDEFORMEN

Die Typologie des Bürobaus ist traditionell stark durch rationale Gebäudetiefen und entsprechende Belichtungsmöglichkeiten geprägt. Hieraus sind verschiedene Gebäudeformen entstanden, die in unterschiedlichen Ausprägungen immer wieder anzutreffen sind.

Die am meisten verwendete Gebäudeform ist das Zeilen- oder Schei- Zeilen- oder Scheibengebäude bengebäude; es ermöglicht eine Belichtung entlang der Längsseiten und ist somit sehr gut für aneinandergereihte Büroanordnungen geeignet. Zeilen- oder Scheibengebäude werden in der Regel durch einen Mittelflur (Zweibund) oder durch zwei Flure mit zwischengeschalteter Kombizone (Dreibund) erschlossen. > Abb. 43 und Kap. Gebäudekonzeption und Bauformen, Erschließungssysteme Einbündige Gebäude kommen aufgrund der schlechten

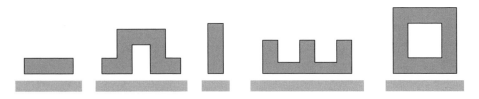

Abb. 43: Beispiele zur Positionierung von Bürogebäuden zum öffentlichen Straßenraum

○ **Hinweis**: Die Mindestanzahl der notwendigen Stellplätze für Gebäude mit allgemeinen Büro- und Verwaltungsräumen kann dem vor Ort gültigen Baurecht entnommen werden bzw. muss mit den Beteiligten abgestimmt werden. Beispielsweise beträgt die Mindestanzahl gemäß BauO NRW einen Stellplatz je 30–40 m² Büronutzfläche. Hierbei wird ein Besucheranteil von 20 % berücksichtigt. Sozial- und Sanitärräume sowie Funktions- und Verkehrsflächen werden nicht zur Büronutzfläche gerechnet.

Flächeneffizienz nur dort zum Einsatz, wo keine beidseitige Belichtung möglich ist, sondern eine natürliche Belichtung der Flurzone gewünscht ist oder die Flurzone etwa als Pufferzone gegenüber einem lärmbelasteten Bereich dient. Es ist außerdem möglich, Zeilenbauten miteinander oder mit anderen Gebäudeformen zu koppeln. Dies geschieht meistens über entsprechende zentrale Erschließungskerne. Zeilen- oder Scheibenbauten eignen sich je nach Gebäudetiefe für Zellen-, Gruppen- oder Kombibüros.

Punktgebäude   Punktgebäude haben in der Regel nur einen zentralen Erschließungskern und gelten aufgrund der minimierten Flurflächen als sehr flächeneffizient. Die Flächeneffizienz sinkt jedoch bei zunehmender Höhe des Gebäudes, da die Erschließungsbereiche entsprechend groß dimensioniert werden müssen und dann durch jedes Geschoss geführt werden. > Abb 44 Punktgebäude eignen sich für Zellen-, Gruppen-, Großraum- oder Kombibüros.

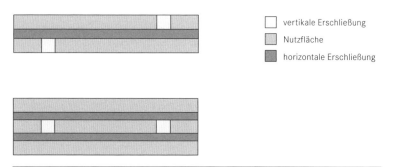

<table>
<tr><td>☐ vertikale Erschließung</td></tr>
<tr><td>☐ Nutzfläche</td></tr>
<tr><td>■ horizontale Erschließung</td></tr>
</table>

Abb. 44: Beispiele für Zeilengebäude (Zweibund und Dreibund)

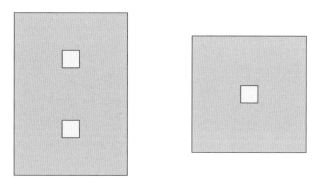

Abb. 45: Beispiele für Punktgebäude

Blockrand- bzw. Hofgebäude bestehen aus einzelnen umschließen-
den Zeilenstrukturen und umschließen meist geschützte und ruhige
Innenhöfe. > Abb. 46 Hofgebäude bieten zwar die Möglichkeit, Innenflächen
hochwertig zu gestalten, jedoch ist bei kleineren Höfen die Belichtungs-
situation gerade in den unteren Geschossen nicht optimal. Die Nutzung
des Innenhofs für Kommunikationsbereiche oder Kantinen erhöht die
Qualitäten des gesamten Gebäudes erheblich, jedoch sind gleichzeitig
auch wieder Geräuschbelastungen im Innenhof zu berücksichtigen.
Blockrand- bzw. Hofgebäude eignen sich für Zellen-, Gruppen-, Großraum-
oder Kombibüros, gegebenenfalls können auch höhergeschossige soli-
täre Punkthäuser mit eingebunden werden.

Kammgebäude ähneln in ihrem Aufbau den Hofgebäuden, öffnen ihre
Höfe jedoch zur Umgebung. > Abb. 47 Durch Kammgebäude lassen sich be-
stehende Zeilengebäude relativ einfach erweitern und sie können sich
mit einer geschlossenen Gebäudefront zum Straßenraum hin auf der
Rückseite ins Grüne öffnen. Durch die Vielfalt an Kombinationsmöglich-
keiten ergeben sich umfangreiche gestalterische Varianten. Sie eignen
sich für Zellen-, Gruppen-, Großraum- oder Kombibüros.

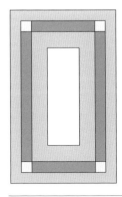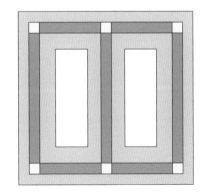

Abb. 46: Beispiele für Blockrandgebäude

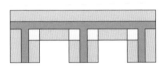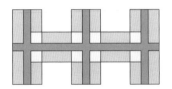

Abb. 47: Beispiele für Kammgebäude

Neben den bisher beschriebenen, eher orthogonal bzw. linear organisierten Gebäudeformen lässt sich insbesondere vor dem Hintergrund neuer Bürowelten eine große Vielfalt von freien Gebäudeformen realisieren. > Abb. 48 Freiformen können eine Reaktion auf den städtebaulichen Kontext sein oder auch als freistehende Solitärgebäude errichtet werden. Sie können als vollständig freie oder amorphe Volumen entstehen oder lediglich in der Grundrissstruktur freie Formen zeigen. Variierende Gebäudetiefen sind mittels offener Bürogrundrisse oder Kombizonen auch in der Nutzung abbildbar und bieten Möglichkeiten zu einer spannungsvollen Gestaltung von Erschließungs- und Kommunikationsbereichen. Für den Innenausbau und die Möblierung stellen Freiformen eine Herausforderung dar, weil je nach Konzept individuelle Maßanfertigungen herzustellen sind.

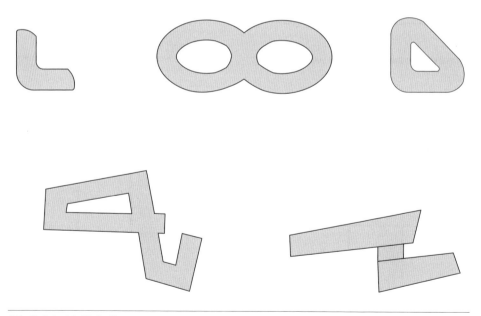

Abb. 48: Beispiele für Freiformen

ERSCHLIESSUNGSSYSTEME

Alle Flächen müssen über eine effiziente und klar gegliederte Erschließung verfügen. So sollte jede Nutzungseinheit auch direkt über den
Eingangsbereich oder über interne Erschließungen wie Treppenräume,
Aufzüge, Flure und gegebenenfalls eigene Vorzonen zugänglich sein, um
Querungen anderer Abteilungen aufgrund von störenden Einflüssen zu
vermeiden. > Kap. Raumtypologien, Erschließung und Versorgung Häufig übernehmen
zentrale Erschließungskerne alle grundlegenden Erschließungs- und
Nebenfunktionen. Diese können geschossweise übereinander angeordnet
werden, sodass eine möglichst effiziente Wegebeziehung und Versorgung
gewährleistet ist.

In der Grundrisstypologie werden einbündige, zweibündige, dreibündige oder flurlose Erschließungssystem unterschieden. > Abb. 49

Erschließung
von Organisations-
einheiten

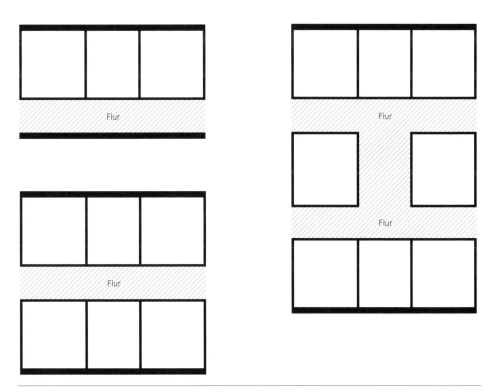

Abb. 49: Ein-, zwei- und dreibündige Erschließungsformen

Einbündige Erschließungen haben Flure, die an einer Fassadenseite liegen, mit einseitig angeordneten Büroräumen. > Abb. 50 So lassen sich die Flure vollständig mit Tageslicht versorgen. Sie eignen sich bei Gebäuden mit starkem Publikumsverkehr, bei einer Anordnung an einem Atrium oder einer Industrieproduktion, bei schmalen Grundstücken, die nur wenig Gebäudetiefe ermöglichen, oder als Pufferzone zur Abschottung der Arbeitsplätze gegen Geräuschbelastungen an stark befahrenen Straßen. Einbünder sind aufgrund ihres schlechten Verhältnisses zwischen Nutzungs- und Verkehrsfläche nicht flächeneffizient und somit zumeist unwirtschaftlich.

Traditionelle Bürogebäude werden in der Regel zweibündig erschlossen. Über einen Mittelflur werden beidseitig Zellen- oder Gruppenbüros angedient. > Abb. 51 Diese dem Grunde nach sehr flächeneffiziente Organisation bedingt jedoch, dass auch Nebenflächen an der „teuren" Fassadenfläche anzuordnen sind. Zudem ist der Innenflur nur über transparente Bürowände oder bürofreie Zonen natürlich zu belichten.

Dreibündige Erschließungen umfassen zwei innenliegende Flure mit außenliegenden Büroräumen. > Abb. 52 In der Mittel- bzw. Kombizone zwischen den Fluren werden meist die vertikale Erschließung sowie die Nebenräume wie Teeküchen, Kommunikationszonen, Archiv- und Medienräume, Sanitärräume etc. angeordnet. > Abb. 53 So lassen sich kompakte Gebäude mit reduzierter Fassadenfläche erzeugen. Allerdings ist eine Belüftung und Belichtung der Innenbereiche nicht auf natürlichem Wege möglich, sodass entsprechende Installationen zu berücksichtigen sind.

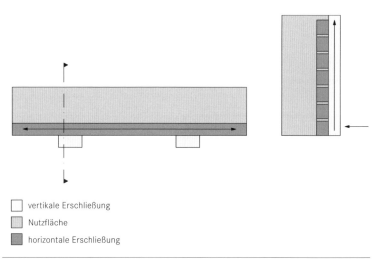

☐ vertikale Erschließung
▦ Nutzfläche
▆ horizontale Erschließung

Abb. 50: Einbündige Erschließung

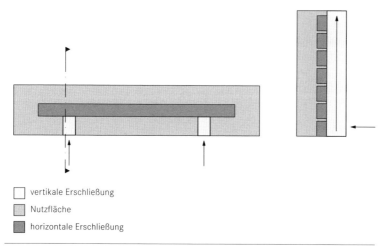

☐ vertikale Erschließung

▨ Nutzfläche

▨ horizontale Erschließung

Abb. 51: Zweibündige Erschließung

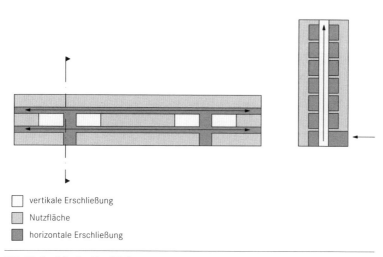

☐ vertikale Erschließung

▨ Nutzfläche

▨ horizontale Erschließung

Abb. 52: Dreibündige Erschließung

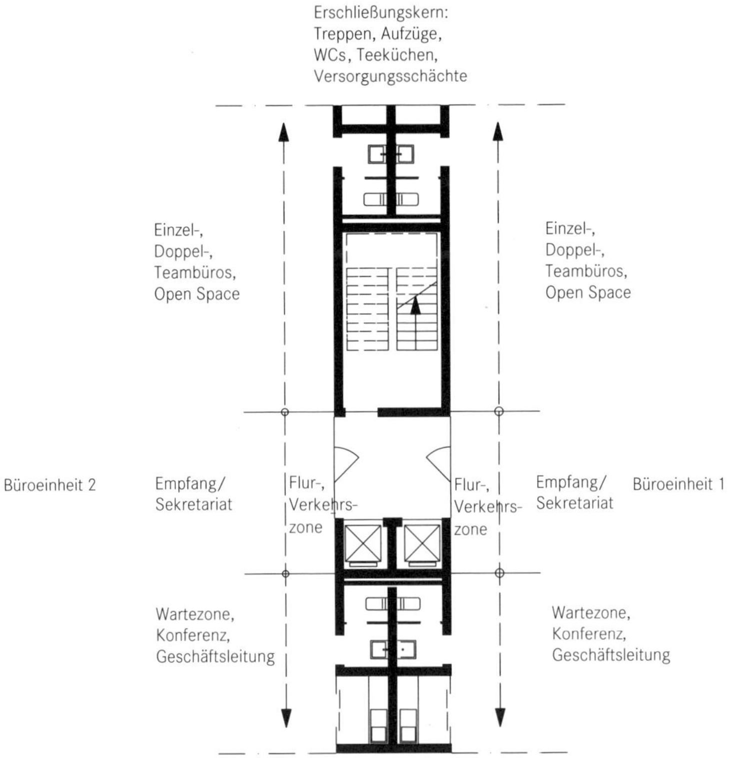

Erschließungskern:
Treppen, Aufzüge,
WCs, Teeküchen,
Versorgungsschächte

Einzel-,
Doppel-,
Teambüros,
Open Space

Einzel-,
Doppel-,
Teambüros,
Open Space

Büroeinheit 2

Empfang/
Sekretariat

Flur-,
Verkehrs-
zone

Flur-,
Verkehrs-
zone

Empfang/
Sekretariat

Büroeinheit 1

Wartezone,
Konferenz,
Geschäftsleitung

Wartezone,
Konferenz,
Geschäftsleitung

Abb. 53: Typische Elemente eines Erschließungskerns im Dreibund

Flurlose Erschließung   Flurlose Erschließungen finden sich traditionell in Großraumbüros und Punktgebäuden. > Abb. 54 Auch wenn diese Erschließungsform aufgrund der reduzierten Erschließungsflächen als sehr flächeneffizient gilt, so sind auch innerhalb von Großraumbüros entsprechende Flucht- und Rettungswege auszuweisen und von Mobiliar freizuhalten. Flurlos erschlossene Bürohochhäuser haben in der Regel trotzdem keine gute Flächeneffizienz, da sämtliche Mitarbeiter, Kunden und auch Medien und Versorgung über redundante Aufzüge und Schächte zentral transportiert werden müssen.

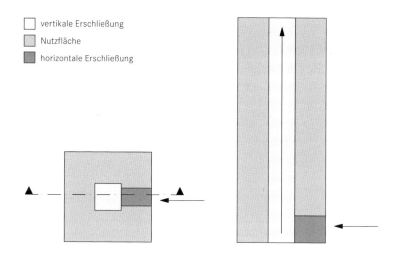

Abb. 54: Flurlose Erschließung

Legend:
- vertikale Erschließung
- Nutzfläche
- horizontale Erschließung

RAUM- UND TRAGSYSTEME

Das Tragsystem von Bürogebäuden basiert in den meisten Fällen auf einem Skelettbau mit Stützenraster. Da die Tragstruktur eines Bürogebäudes mit der Gebäudetiefe und -aufteilung in Einklang zu bringen ist, ist es sinnvoll, sich hierzu frühzeitig Gedanken zu machen. Oftmals bestimmt das Tragsystem die Fassadenaufteilung und das mögliche Ausbauraster im Inneren des Gebäudes.

Entwickelt man die Gebäudetiefe auf Basis der sinnvollen Belichtung von Büroräumen, so sollten Zellenbüros maximal 5,00–7,00 m tief sein, da bei natürlicher Belichtung hintere Bürobereiche ansonsten sehr dunkel werden. Größere Büroformen jedoch können eine Raumtiefe von bis zu 10 m oder mehr erhalten. > Tab. 12 Anhand der Anordnung von Fluren und gegebenenfalls Kombizonen lassen sich dann in Addition mit dem Konstruktionsaufbau die Gebäudetiefen ermitteln. > Abb. 55

Raum- und Gebäudetiefen

○

○ **Hinweis:** Die Belichtungstiefe der eigentlichen Arbeitsplätze mit natürlicher Belichtung entspricht ca. dem 1,5-Fachen der Fensterhöhe. Werden im hinteren Bereich Schränke bzw. zusätzliche interne Verbindungstüren zwischen den Büros vorgesehen, können bei Zellen- und Gruppenbüros erhöhte Raum- und somit auch Gebäudetiefen entstehen, da diese internen Verbindungsbereiche im nicht natürlich belichteten Gebäudeinneren liegen können.

Tab. 12: Raum- und Gebäudetiefen verschiedener Büroformen

Büroform	Raumtiefe	Gebäudetiefe je nach Erschließungsform		
		einbündig	zweibündig	dreibündig
Zellenbüro	5–7 m	7–11 m	12–18 m	19–26 m
Gruppenbüro	5–10 m	7–14 m	12–24 m	22–32 m
Kombibüro (Zellen- und Gruppenbüros)	5–10 m			22–28 m
Großraumbüro und nonterritoriale Bürowelten	15–30 m	entspricht Gebäudetiefe zzgl. Konstruktionsaufbau		

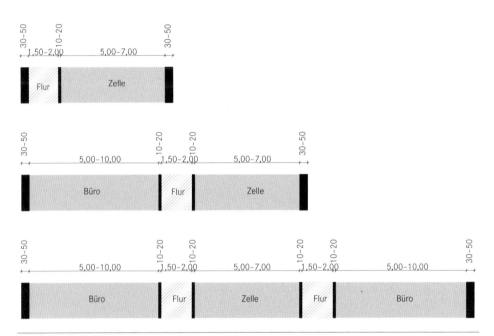

Abb. 55: Ermittlung der Gebäudetiefe auf Basis verschiedener Erschließungssysteme

Trag- und Aussteifungssysteme   Ist das Gebäude als Skelettbau entworfen, werden die Stützenreihen meist im Inneren und an den Fassaden angeordnet. Die inneren Stützenreihen können mittig oder außermittig platziert werden, abhängig davon, ob es dort zu geometrischen Kollisionen z. B. mit Flurbereichen kommen kann. Die Außenreihen werden bei der Ausführung von unterzugsfreien Flachdecken meist zwischen 40 und 80 cm von der Fassade nach innen eingerückt, um die Lasten der Flachdecken besser in die Stützen leiten zu können. Tragende Wände werden in der Regel nur in aussteifenden ■ Kernen und manchmal auch im Bereich der Außenwände genutzt.

Man unterscheidet grundsätzlich in Trag-, Fassaden- und Ausbau- Rasterarten
raster. Das Tragraster ergibt sich aus der Stützenstellung und den -abständen. Das Fassaden- und Ausbauraster ergibt sich meist aus einer Teilung des Tragrasters, um der kleinteiligeren Struktur von Fassaden und Ausbauelementen gerecht zu werden. Es ist jedoch darauf zu achten, dass das Tragraster ein Vielfaches des Fassaden- und Ausbaurasters ist, um Überschneidungen und Konstruktionsprobleme zu vermeiden. Meist umfassen Tragraster das 5- bis 8-Fache des Grundrasters im Ausbau.

Fassaden- und Ausbauraster sind in der Regel identisch bzw. mit dem Multiplikator 2 versehen. Sie liegen in der Regel übereinander. Das Tragraster kann je nach Konzept dabei um ein halbes Rastermaß versprigen. > Abb. 56 Dies hat den Vorteil, dass Stützen nicht in die Ausbauwände integriert werden müssen, jedoch den Nachteil, dass dadurch mehr Stützen im Raum liegen und somit die Flexibilität der Raumnutzung beeinträchtigt wird.

Das Grundraster besteht typischerweise aus den Maßen 1,20 m, Rastermaße
1,35 m oder 1,50 m. > Tab. 13 Bei der Wahl des Grundrasters ist immer auch die spätere Gestaltung von Büros und Arbeitsplätzen zu berücksichtigen, um z. B. bei Zellenbüros eine optimale Raumbreite und somit eine optimale Flächeneffizienz zu erhalten. > Kap. Raumtypologien, Bürotypen

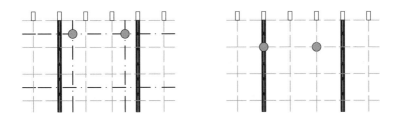

Abb. 56: Zusammenhang von Konstruktions-, Ausbau- und Fassadenraster

■ **Tipp:** In dem Band *Basics Tragsysteme* von Alfred Meistermann werden neben den grundsätzlichen Zusammenhängen zwischen Krafteinwirkung, Lastannahmen und statischem System auch Grundlagen des Zusammenspiels zwischen der Entwurfsidee und der Struktur eines Tragsystems vermittelt.

Tab. 13: Typische Rastermaße im Büro- und Verwaltungsbau

0,5 × Raster	1 × Raster	1,5 × Raster	2 × Raster	3 × Raster	4 × Raster	5 × Raster	6 × Raster	7 × Raster	....
0,60 m	1,20 m	1,80 m	2,40 m	3,60 m	4,80 m	6,00 m	7,20 m	8,40 m	....
0,625 m	1,25 m	1,875 m	2,50 m	3,75 m	5,00 m	6,25 m	7,50 m	8,75 m	....
0,675 m	1,35 m	2,025 m	2,70 m	4,05 m	5,40 m	6,75 m	8,10 m	9,45 m	....
0,75 m	1,50 m	2,25 m	3,00 m	4,50 m	6,00 m	7,50 m	9,00 m	10,50 m	....

Bei zunehmender Größe des Grundrasters werden auch die Büroräume komfortabler und erhalten höhere Aufenthaltsqualitäten – bei gleichzeitig abnehmender Flächeneffizienz. > Abb. 57–59

Tragstruktur Tiefgaragen

Wird unterhalb des Bürogebäudes eine Tiefgarage projektiert, so sollten Stützen und Wände des Bürogebäudes möglichst auch in der Tiefgarage geometrisch direkt untereinander angeordnet werden, um dort die Lasten direkt bis zum Baugrund durchleiten zu können. Aufgrund der normierten Maße von Stellplätzen gibt es jedoch hinsichtlich der

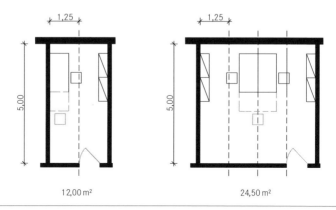

12,00 m²   24,50 m²

Abb. 57: Flächenbedarf von Einzel- und Doppelbüros bei einem Ausbauraster von 1,25 m

■ **Tipp:** Ein Ausbauraster von 1,20 m ist in der Regel wenig sinnvoll, da aufgrund der Trennwanddicken, die raumakustische, brandschutz- oder schallschutztechnische Anforderungen erfüllen müssen, Büroräume zu schmal werden und nicht mehr sinnvoll möbliert werden können.

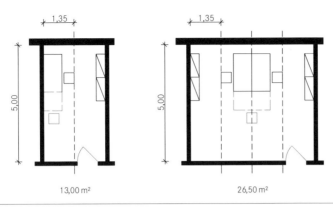

13,00 m²   26,50 m²

Abb. 58: Flächenbedarf von Einzel- und Doppelbüros bei einem Ausbauraster von 1,35 m

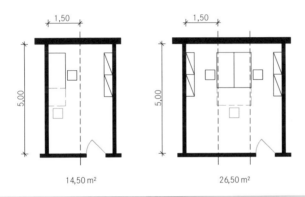

14,50 m²   26,50 m²

Abb. 59: Flächenbedarf von Einzel- und Doppelbüros bei einem Ausbauraster von 1,50 m

Tiefgaragenstruktur Vorgaben, die dann wiederum das Tragraster im Bürobereich bestimmen können. > Abb. 60 Ein Gebäudeachsmaß von 1,35 m wird häufig bei einer darunterliegenden Tiefgarage verwendet, weil sich aus dem vierfachen Achsmaß von 5,40 m abzüglich der Stützendicke 2 Stellplätze mit 2,50 m Breite ableiten lassen. ■

■ **Tipp:** Genauere Informationen zur Gestaltung von Parkplätzen und Tiefgaragen finden sich z. B. im Buch *Architektur planen* von Bert Bielefeld, erschienen im Birkhäuser Verlag.

Sind ein repräsentatives, großes Foyer oder große Seminar- und Konferenzbereiche einzuplanen, so muss das durchgehende Tragraster der darüberliegenden Bürogeschosse partiell unterbrochen und abgefangen werden. Hierzu sind meist größere Unterzüge notwendig, die bei der Planung der Deckendicke über diesen Bereichen berücksichtigt werden müssen. Alternativ werden auch in den Büroetagen möglichst große Spannweiten realisiert, selbst wenn dies aufgrund der mitunter deutlich aufwendigeren Deckenkonstruktionen dann wirtschaftlich nicht immer sinnvoll ist. Die daraus resultierenden stützenfreien Bürobereiche bieten gerade für nonterritoriale Arbeitswelten und Großraumbüros eine maximale Flexibilität in der Nutzung.

In den Abbildungen 61–63 werden verschiedene Beispiele für die Integration von Tragrastern in Zellen-, Gruppen- oder Kombibüros dargestellt.

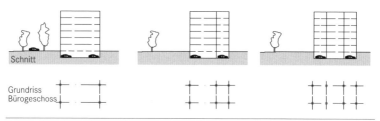

Abb. 60: Zusammenhang von Stützenstellung in Tiefgarage und Bürogeschoss

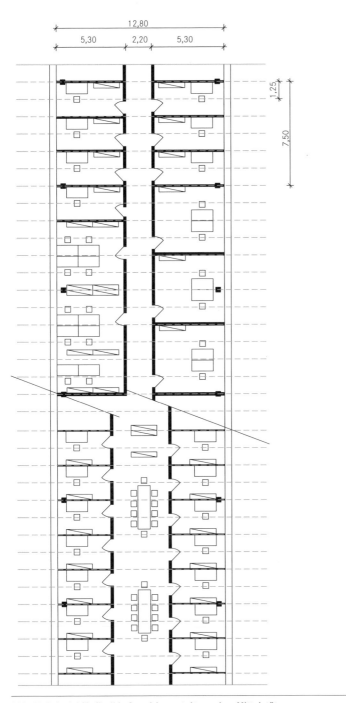

Abb. 61: Beispiel für flexible Grundrissgestaltung ohne Mittelstütze

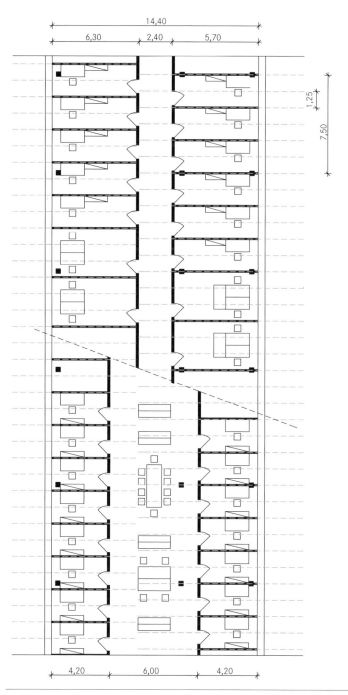

Abb. 62: Beispiel flexibler Grundrissgestaltung mit asymmetrischer Mittelstützenreihe

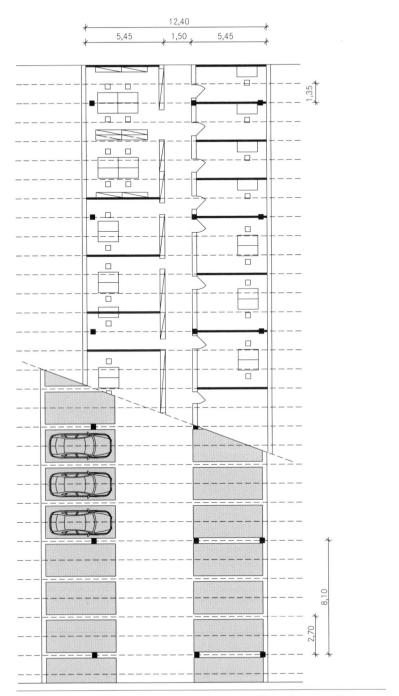

Abb. 63: Beispiel einer Zellenbürostruktur in Abstimmung mit dem Tragraster einer Tiefgarage

Schlusswort

Das Entwerfen von Bürogebäuden unterliegt stärkeren systematisierten Abhängigkeiten und Vorgehensweisen als andere Typologien. So sind aufgrund der Organisation und Vervielfachung von Arbeitsplatzanordnungen häufig auch systematisierte Gebäudekubaturen und Tragsysteme zugrunde zu legen. Dies verleitet jedoch schnell dazu, Bürobauten mit ähnlichem Anspruch an die Effizienz wie industrielle Produktionsstätten zu planen, was der Qualität der Arbeitsplätze und deren Umfelder, wie sie nach heutigen Maßstäben im Bürobereich erwartet werden, mitnichten gerecht wird. Zudem besteht aufgrund der starken Systematisierung die Gefahr, beim Entwurf von Bürogebäuden die gestalterischen Aspekte sowie insgesamt eine hohe Architekturqualität zu vernachlässigen.

Daher sollen die hier beschriebenen Informationen lediglich dazu dienen, die spezifischen Rahmenbedingungen der Typologie für Bürobauten grundlegend zu verstehen. Ausgestattet mit diesem „Handwerkszeug" gilt es, die Kreativität und die Gestaltungsqualität im eigenen Entwurfsprojekt zu entfalten. Dies bedingt auch, althergebrachte Standards im Bürobau zu hinterfragen und gegebenenfalls radikal neue Lösungen zu finden. Gerade unter dem Aspekt der rasanten Veränderungen in der Dienstleistungswelt ist es nötig, Arbeitswelten und Bürogebäude neu zu definieren und sie für kommende Herausforderungen flexibel vorzubereiten.

LITERATUR

Bauverlag (Hrsg.): *Der Entwurf – Sonderheft der DBZ Deutsche Bauzeitschrift*, Bauverlag, Gütersloh 2013

Bert Bielefeld: *Architektur planen*, Birkhäuser, Basel 2016

Bert Bielefeld, Sebastian El khouli: *Basics Entwurfsidee,* Birkhäuser, Basel 2007

DETAIL: best of DETAIL Büro, 2013

Peter Ebner, Eva Herrmann: *Typology+*, Birkhäuser, Basel 2010

Johann Eisele, Martin Mensinger, Richard Stroetmann: *Bürobauten in Stahl. Handbuch und Planungshilfe*, DOM publishers, Berlin 2016

Markus Gasser: *Raumpilot: Arbeiten*, Krämer, Ludwigsburg 2010

Marcel Janser et al.: *Leitfaden für Nachhaltige Bürogebäude*, ZHAW, Institut für Facility Management, Wädenswil 2015

Thomas Jocher: *Raumpilot: Grundlagen*, Krämer, Ludwigsburg 2010

Oliver Klein, Jörg Schlenger: *Basics Raumkonditionierung,* Birkhäuser, Basel 2008

Alfred Meistermann: *Basics Tragsysteme*, Birkhäuser, Basel 2007

Ernst Neufert: *Bauentwurfslehre*, Springer, Berlin 2015

Ansgar Oswald: *Bürobauten. Handbuch und Planungshilfe*, DOM publishers, Berlin 2013

Brigitte Petendra: *Räumliche Dimensionen der Büroarbeit*, Springer VS, Wiesbaden 2014

Wolfgang Richter: *Handbuch der thermischen Behaglichkeit – Sommerlicher Kühlbetrieb,* Bundesanstalt für Arbeitsschutz und Arbeitsmedizin, Dortmund 2007

Isabella Skiba, Rahel Züger: *Basics Barrierefrei Planen*, Birkhäuser, Basel 2009

Roman Skowranek: *Basics Lichtplanung,* Birkhäuser, Basel 2017

Bettina Staniek (Hrsg.): *BürobauAtlas: Grundlagen, Planung, Technologie, Arbeitsplatzqualitäten,* Callwey, München 2005

Karsten Voss et al.: *Bürogebäude mit Zukunft*, Fraunhofer IRB Verlag, Karlsruhe 2005

Andreas Wagner et al.: *Nutzerzufriedenheit in Bürogebäuden: Empfehlungen für Planung und Betrieb*, Fraunhofer IRB Verlag, Karlsruhe 2015

Rotraut Walden: *Architekturpsychologie: Schule, Hochschule und Bürogebäude der Zukunft*, Pabst Science Publishers Lengerich, Lengerich 2008

VORSCHRIFTEN UND NORMEN

Deutsche Vorschriften und Normen		
ASR A1.2	Technische Regel für Arbeitsstätten Raumabmessungen und Bewegungsflächen	2013-09
ASR A1.8	Technische Regel für Arbeitsstätten – Verkehrs-wege	2012-11
ASR A2.3	Technische Regel für Arbeitsstätten Fluchtwege und Notausgänge, Flucht- und Rettungsplan	2007-08
ASR A4.2	Technische Regel für Arbeitsstätten – Pausen-und Bereitschaftsräume	2012-08
ASR V3a.2	Technische Regel für Arbeitsstätten – Barrierefreie Gestaltung von Arbeitsstätten	2012-08
DIN 4543-1	Büroarbeitsplätze – Teil 1: Flächen für die Aufstellung und Benutzung von Büromöbeln; Sicherheitstechnische Anforderungen	1994-09
DIN 5035-8	Beleuchtung mit künstlichem Licht – Teil 8: Ar-beitsplatzleuchten – Anforderungen, Empfehlun-gen und Prüfung	2007-07
DIN 15309	Aufzüge: Personenaufzüge für andere als Wohngebäude sowie Bettenaufzüge – Baumaße, Fahrkorbmaße, Türmaße	2002-06
DIN 16555	Büroarbeitsplatz – Flächen für Kommunikations-arbeitsplätze in Büro- und Verwaltungsgebäuden – Anforderungen, Prüfung	2002-12
DIN 18040-1	Barrierefreies Bauen – Planungsgrundlagen – Teil 1: Öffentlich zugängliche Gebäude	2010-10
VDI 2569	Schallschutz und akustische Gestaltung im Büro	2016-02 Entwurf
VDI 3804	Raumlufttechnik – Bürogebäude	2009-03
VDI 6000 Blatt 2	Ausstattung von und mit Sanitärräumen – Arbeitsstätten und Arbeitsplätze	2007-11 2012-07
DGUV Information 215-443	Akustik im Büro – Hilfen für die akustische Gestaltung von Büros	2012-09
BüroFlRL BR	Richtlinie zum Flächenstandard bei Büroräumen	2010-02-23
Licht.wissen 04	Licht im Büro, motivierend und effizient	2012-04

Reihenherausgeber: Bert Bielefeld
Konzept: Bert Bielefeld, Annette Gref
Lektorat: Ilka Backmeister-Collacott
Projektkoordination: Lisa Schulze
Layout und Covergestaltung: Andreas Hidber
Satz: Sven Schrape
Herstellung: Amelie Solbrig

Library of Congress Cataloging-in-Publication
data
A CIP catalog record for this book has been
applied for at the Library of Congress.

Bibliografische Information der Deutschen
Nationalbibliothek
Die Deutsche Nationalbibliothek verzeichnet
diese Publikation in der Deutschen Nationalbib-
liografie; detaillierte bibliografische Daten sind
im Internet über http://dnb.dnb.de abrufbar.

Dieses Buch ist auch als Ebook
(ISBN PDF 978-3-0356-1393-3;
ISBN EPUB 978-3-0356-1398-8)
sowie in englischer Sprache erschienen
(ISBN 978-3-0356-1382-7).

© 2018 Birkhäuser Verlag GmbH, Basel
Postfach 44, 4009 Basel, Schweiz
Ein Unternehmen der Walter de Gruyter GmbH,
Berlin/Boston

Gedruckt auf säurefreiem Papier, hergestellt
aus chlorfrei gebleichtem Zellstoff. TCF ∞

Printed in Germany

ISBN 978-3-0356-1380-3

9 8 7 6 5 4 3 2 1
www.birkhauser.com